HO'OPONOPONO

y sus beneficios para la vida cotidiana

La información contenida en este libro ha sido cuidadosamente estudiada y analizada desde nuestro conocimiento y nuestra ética. Sin embargo, ni la autora ni los editores asumen ninguna responsabilidad por el daño presunto o real que puede ocurrir por el uso o la aplicación directa o indirecta de las técnicas presentadas en estas páginas. Las recomendaciones recopiladas en este trabajo no pueden sustituir el tratamiento médico. Si sospecha la presencia de una enfermedad, le instamos a que consulte a un profesional de la medicina.

Título original: Ho'oponopono
Traducido del francés por Cristina Brodin-Valero
Diseño de portada: Laura Benavides Carrera
Maquetación de interior: Toñi F. Castellón

C/ Rosa de los Vientos, 64
Pol. Ind. El Viso
29006-Málaga
España

www.editorialsirio.com
sirio@editorialsirio.com

I.S.B.N.: 978-84-18000-06-5
Depósito Legal: MA-1688-2019

Impreso en Imagraf Impresores, S. A.
c/ Nabucco, 14 D - Pol. Alameda
29006 - Málaga

Impreso en España

Puedes seguirnos en Facebook, Twitter, YouTube e Instagram.

LAURENCE LUYÉ-TANET

HO'OPONOPONO

y sus beneficios para la vida cotidiana

LA PRÁCTICA DEL MÉTODO
DE SANACIÓN HAWAIANO

EDITORIAL
SIRIO

Agradecimientos

Mi inmensa gratitud hacia el doctor Hew Len y Joe Vitale, que han contribuido a la difusión mundial de esta antigua sabiduría hawaiana que es el Ho'oponopono.

Mi gratitud a Mireille por habérmela enseñado y a Martine por haberme animado a utilizarla.

Doy las gracias a todas las personas con las que he podido practicar el Ho'oponopono. Cada una me ha permitido continuar limpiando mis memorias... Cada una es una pequeña parte de este libro.

Gracias a todo el equipo de la editorial Dangles.

A mi padre, Francisco Abellán Hernández, con todo mi cariño.

Índice

La pequeña historia de este libro

En un primer momento, utilicé mucho la técnica del Ho'oponopono para mí misma. Obtuve resultados verdaderamente sorprendentes. Después la empleé con gente a la que acompaño, y obtuve también resultados asombrosos. A menudo, sentían alivio inmediatamente.

Me acuerdo de una persona que vino a verme desesperada. Tras años de seguimiento terapéutico, seguía con una depresión extremadamente grave. Cuando se presentó a la primera cita, a pesar de los medicamentos que tomaba, tuve la certeza de que nunca había visto a nadie con tal grado de sufrimiento, hasta tal punto que me olvidé de fijar lo que llamamos un marco terapéutico. Cuando esa persona se fue, me pareció más que evidente practicar el Ho'oponopono. Lo hice. Durante dos días, en cuanto tenía un momento, lo practicaba. No me lo cuestioné, era una evidencia, como si esta práctica que tenía a mi disposición hubiera venido a mí naturalmente. No fijé ninguna duración, simplemente lo hice y al cabo de dos días paré. Cuando, a la semana siguiente, volví a ver a la persona en cuestión, estaba decidida a decirle que necesitábamos hospitalizarla, pues su estado era preocupante. Me llevé la sorpresa de verla un poco mejor. Desde luego seguía con su grave depresión, pero era como si ese algo que la estaba hundiendo se hubiera disipado.

Estoy segura de que no fue únicamente el trabajo realizado durante la sesión lo que cambió las cosas: el Ho'oponopono fue una parte importante del proceso. Yo lo he utilizado mucho, y los resultados que he podido constatar me han animado a compartir la forma en la que lo uso. Se puede practicar de manera general, pero si lo que queremos es servirnos de la técnica del Ho'oponopono para un verdadero proceso de transformación, es necesario establecer un plan. He escrito este libro con este objetivo práctico en mente. Encontrarás un protocolo en torno a los diferentes aspectos que se tratarán en función de cuál sea el tema por el que recurres al Ho'oponopono.

He disfrutado mucho escribiendo este libro, y lo escribí rápidamente. Estaba listo en el verano de 2011 pero no era capaz de separarme del manuscrito y presentarlo. Empleo siempre el método individual o en grupos a nivel profesional, y los implicados hacen preguntas, tienen ganas de saber. Un año después volví a sacar el manuscrito, lo leí... Es ante todo un libro para compartir. Deseo que encuentres la práctica que buscas para avanzar en tu proceso de transformación.

Introducción

El Ho'oponopono es una técnica ancestral hawaiana de sanación. Se practica en Hawái pero también en la Polinesia francesa de forma algo diferente.

El término *Ho'oponopono* significa 'rectificar un error'. Este método se basa en que, según los sabios hawaianos, los problemas (o errores) vienen de pensamientos contaminados por memorias dolorosas del pasado. La práctica del Ho'oponopono significa igualmente rectificar, enderezar, poner derecho.

Se trata de un método de resolución de problemas en el cual el proceso se efectúa en nuestro interior.

Ho'o en hawaiano significa 'ocasionar' y *pono* es el concepto de 'bondad, rectitud, exactitud'. En su origen, el principio reposaba sobre el hecho de que cuando alguien hacía algo que ocasionaba un desorden, el mal se estaba expresando a través de esa persona, que encarnaba una energía mal canalizada.

El consejo de sabios se reunía entonces. En el método tradicional, cada uno, por turnos, practicaba Ho'oponopono frente a la persona «responsable» del desorden por el daño cometido y frente a cada miembro de la comunidad.

El principio consistía en que la persona era el catalizador de esa energía que se había manifestado por su acto, pero cada miembro de la comunidad poseía igualmente esa energía. En ese caso se había canalizado a través de esa persona en cuestión, pero hubiera podido suceder a través de cualquier otra. Era la manera que cada uno tenía de reconocer su parte de responsabilidad ante el acto cometido.

El método tradicional ha evolucionado ligeramente en la manera de aplicarse; ahora es más sencillo. Fue Morrnah Simeona, una gran chamana* hawaiana, quien lo simplificó conservando la esencia de la antigua sabiduría.

Si hoy en día este método ha llegado hasta nosotros, es gracias al doctor Ihaleakala Hew Len, quien lo estudió durante diez años. Su asombroso trabajo en el hospital estatal de Hawái ha dado a conocer al gran público esta técnica.

De la misma manera, el Ho'oponopono ha sido igualmente objeto de estudio en la Universidad de

* Era lo que en Hawái se conoce como una *Kahuna Lapa'au*. *Kahuna* quiere decir 'guardiana del secreto' y *Lapa'au* significa 'especialista en sanación'.

Honolulu. Han utilizado esta práctica de diferentes formas hawaianos y no hawaianos para la resolución de conflictos. Su validez y utilidad han sido reconocidas. En su libro, resultado de su estudio universitario, Victoria Shook demuestra la eficacia de este método aplicado por ocho personas en un contexto de trabajo social. Se aplicó esencialmente en familias hawaianas con problemas de drogadicción.

El método se ha empleado para resolver conflictos familiares y grupales, con el acento en el impacto de una concepción cultural diferente de la salud mental y en la contribución de una tradición no occidental a la sociedad occidental.

Ho'oponopono se basa en cinco puntos:

- La resolución es intrapersonal.
- Únicamente nos concierne a nosotros y a nuestro Yo.
- Estamos solos a la hora de practicar; las otras personas a las que concierne el problema no necesitan estar presentes.
- El arrepentimiento del Yo.
- El perdón del Yo.

Todo ocurre en el interior de la persona que practica el Ho'oponopono ya que el cambio solo puede producirse en ella y no en los otros o en el exterior, como habitualmente estamos acostumbrados. El cambio que va a operarse en nosotros generará posteriormente un cambio exterior.

Pero antes de continuar con el método, te propongo que leas la increíble historia del Ho'oponopono y así descubrir la cultura de la que emana.

Bases de la cultura de la cual el Ho'oponopono emana

Aloha

Esta palabra hawaiana tan conocida que traducimos por 'hola', 'adiós' o 'amor' es mucho más que un gesto de simpatía y representa para los hawaianos el pilar de su cultura.

ALO se refiere a lo compartido pero también significa estar en el momento presente.

OHA se traduce por 'alegría', 'afecto'.

HA significa 'energía vital', 'vida', 'respiración'.

Un especialista en cultura hawaiana ofrece la siguiente definición: «Ven, conéctate y armonízate contigo mismo, con Dios y con el hombre. Sé honesto, paciente, humilde y considerado hacia toda forma de vida».

Aloha implica las nociones de respeto, atención, compasión y bondad.

Aloha une cuerpo, corazón y alma a la Fuente de la Vida.

Aloha sería por tanto 'compartir con alegría la energía de la vida en el momento presente'.

Esta rica cultura se apoya en un saber ancestral, teñido, aún en nuestros días, de presagios y supersticiones. Implica una unión poderosa con la naturaleza y lo Divino.

La Huna

La *Huna* es la Sabiduría esotérica de los hawaianos que se remonta a la noche de los tiempos. Es una vía filosófica de acceso al secreto que debemos compartir.

El Ho'oponopono forma parte de la *Huna*. La Huna difunde el espíritu de *Aloha*.

Aparte de la actitud amable de *Aloha*, la *Huna* también hace referencia a una manera muy poderosa de resolver cualquier problema y alcanzar el objetivo mental o físico deseado.

Conectarse al poder Divino, compartir esa energía y utilizarla con amor es el secreto para alcanzar la felicidad, la prosperidad y el éxito.

Esta Sabiduría que permite transformar el saber interno en éxito externo se apoya en un conjunto de reglas y principios que, si bien en este libro se refieren a la tradición hawaiana, están también presentes en todas las culturas tradicionales. La *Huna* hace referencia a una corriente chamánica en la que predomina la relación con el universo.

Occidente se ha alejado de esta Sabiduría, ya que considera únicamente el aspecto material. Con la utilización del Ho'oponopono por un sector de la sociedad en concreto, ha surgido la necesidad (y se ha demostrado la eficacia) de la espiritualidad en la resolución de conflictos.

Los dos aspectos son complementarios, el material y el espiritual. La parte espiritual nos permite conectarnos a nuestro propio poder. Cuando este poder interior está en armonía con las leyes del Universo, nuestra vida exterior lo manifiesta.

La *Huna* consiste en permitir restablecer el orden y la armonía interiores basándose en principios de la Sabiduría. Cuando esta armonía interior está presente, nuestra visión del mundo cambia, nuestros actos son diferentes, nuestras relaciones evolucionan, nuestra vida entera se transforma y, por supuesto, la relación que tenemos con los demás y con el mundo se modifica.

El *lei* hawaiano

Cultura hawaiana y *lei* son prácticamente sinónimos. El *lei* es el collar de flores tradicional que se ofrece a todo visitante. Signo de felicidad y bienvenida, el *lei* es sobre todo una muestra de distinción. Entregado a un visitante, representa respeto y honor, así como un regalo del tiempo de la persona que lo ha fabricado, ya que tradicionalmente está hecho a mano. Se utiliza muy a menudo en la sociedad hawaiana y acompaña a los buenos deseos, los acuerdos, las entregas de diplomas, las muestras de simpatía, las uniones y las despedidas. También se usa en la vida política, en las fiestas y en las ceremonias religiosas. Forma parte de la vida cotidiana hawaiana.

Tradicionalmente, un *lei* está compuesto de flores frescas, pero también de conchas, semillas, flores secas, hojas, huesos, plumas...

Cada *lei* tradicional consta de numerosos símbolos que representan la unión entre el hombre y la naturaleza, a la cual el pueblo hawaiano se siente muy próximo. Signo de distinción, se podría reconocer a un jefe de alto rango por la complejidad de su *lei*.

Ciertos *leis* están reservados a acontecimientos importantes, como un nacimiento, una boda, un entierro o un acuerdo de paz. En esos casos, el *lei* se lleva durante la ceremonia religiosa con el fin de pedir a los dioses protección y prosperidad. Cada elemento del collar posee un significado relacionado con el acontecimiento celebrado.

Es por este motivo por lo que he elegido una flor para destacar los capítulos y conceptos más importantes de este libro. La flor simboliza la unión del hombre con la naturaleza y, en consecuencia, con el orden cósmico. Nuestra sociedad occidental ha perdido ese vínculo. Al descubrir cómo utilizar la técnica del Ho'oponopono, aprenderás a conectarte con ese orden cósmico, esa Sabiduría del Tiempo, y encontrar el camino de la felicidad.

La increíble historia del Ho'oponopono en el hospital estatal de Hawái

El doctor Ihaleakala Hew Len trabajó durante tres años en el hospital estatal de Hawái. Pertenecía a la unidad psiquiátrica de alta vigilancia, en la que residían pacientes condenados por diferentes crímenes. Allí trabajó como psicólogo veinte horas semanales de 1984 a 1987.

A su llegada en 1984, todas las células de aislamiento estaban ocupadas por pacientes violentos. Algunos de ellos tenían que ser atados de pies y manos para evitar agresiones a otros detenidos o al personal. No se llevaba a cabo ningún tipo de rehabilitación y había un alto grado de absentismo entre el personal de servicio. El ambiente estaba deteriorado, lo que tampoco facilitaba las relaciones.

Tres años más tarde, tras la salida del doctor Hew Len, ya no se utilizaban ni las células de aislamiento ni las esposas y los actos de violencia, extremadamente raros, provenían casi siempre de nuevos pacientes. Los detenidos eran responsables de sus cuidados y de la organización del establecimiento. Se llevaban a cabo actividades deportivas y profesionales. Incluso los familiares empezaban a hacer visitas. El ambiente había mejorado mucho, habían comenzado obras de renovación, el personal y los pacientes cuidaban de las instalaciones y el absentismo había disminuido considerablemente. El personal apoyaba a los pacientes en la toma de responsabilidades, y las estancias que antes eran de años pasaron a ser de meses en ese departamento del hospital. Se respetaban unos a otros, las relaciones entre el personal y los pacientes mejoraron.

¿Qué hizo el doctor Hew Len con estos pacientes? Aplicar la técnica del Ho'oponopono. Antes, durante y después de su estancia en la unidad, aplicó el proceso de repetición, perdón y transmutación de problemas. No utilizó ninguna terapia ni consultó con ninguno de los pacientes. Tampoco estudió ningún caso con el personal que trabajaba allí. Lo que hizo fue asumir la plena responsabilidad de *limpiar* todo lo que había dentro de él y que le ocasionaba problemas. Hizo esto mientras trabajaba y ocupándose únicamente de las emociones que cada momento le generaba.

El proceso reside en el hecho de ir a buscar en el interior aquello que se corresponde con lo que se manifiesta en el exterior.

Conforme iba limpiando sus emociones, estas se iban liberando en sus pacientes.

El Ho'oponopono como filosofía de vida

> Los errores del mundo residen en tu alma como lo hacen en la mía*
>
> **Doctor I. Hew Len**

El Ho'oponopono se basa en un concepto de energía y de enfoque metafísico del universo. Concretamente, permite borrar elementos negativos y situaciones problemáticas.

Tenemos tendencia a considerar que los problemas vienen del exterior y por lo tanto siempre vamos a buscar en lo externo su causa y su solución.

En este caso, es en nosotros donde encontraremos el problema y lo resolveremos. Limpiaremos la parte que tenemos en común con el otro. A veces, esta parte

* Cita extraída del libro *Zéro limite* de J. Vitale y I. Hew Len, Le Dauphin blanc. Publicada en castellano por ediciones Obelisco con el título *Cero límites*.

común nos resultará evidente y otras, mucho menos, incluso nada. Si nos consideramos como una entidad aparte, puede parecernos, efectivamente, difícil, pero si pensamos que reflejamos el mundo del cual formamos parte, el método cobra todo su sentido. Si limpiamos nuestras memorias, también limpiamos lo que se encuentra fuera.

Si el Ho'oponopono es un método de resolución de problemas que tiene en cuenta diferentes partes en términos psicológicos, es sobre todo un método que nos une a nuestra parte más espiritual (lo Divino, el universo), y es justo ahí donde reside su fuerza. Cada uno puede dar el nombre que desee a esta parte en función de sus creencias ya que el Ho'oponopono deja total libertad al respecto.

Para ponerlo en práctica, pues, será con el Principio de la Vida, con lo Divino, con la parte más elevada de nuestro ser, con lo que trabajaremos.

En el concepto de Ho'oponopono, nosotros creamos nuestra realidad. Evolucionamos en un entorno determinado y, la mayoría de las veces, lo que vivimos viene a reforzar nuestras creencias. A partir de ahí, nuestro campo de percepción se restringe y esta dinámica se autoabastece. Es como si estuviéramos encerrados en una rueda, la de las memorias, que no para de girar y cuya trayectoria no podemos cambiar. Nuestra concepción del mundo se basa entonces en nuestra experiencia y no logramos ver otra salida. No tenemos la capacidad de dejar ir el problema que reside en nosotros. Actuamos como si estuviéramos solos en el mundo sin considerar nuestra interdependencia de los unos con los otros y nuestra interconexión con el Universo. La filosofía del Ho'oponopono tiene en cuenta esta interconexión y esta interdependencia. Permite restablecer el orden entre el Universo y el individuo y, en consecuencia, el orden entre unas personas y otras.

En esta filosofía, el problema viene de las memorias erróneas que son reactivadas en el subconsciente. El problema en cuestión, manifestado por las memorias, nos concierne a todos, pero se trata a nivel individual.

Según el Ho'oponopono, las memorias erróneas que causan el problema son compartidas por el paciente y el sanador.

Las cuatro etapas del proceso

El proceso consta de cuatro fases o etapas.

La primera es identificar el problema. No hace falta hacer un análisis profundo ni tampoco buscar el porqué, simplemente se trata de identificarlo. La sesión se abre, tradicionalmente, con un rezo. El problema engloba tanto a la persona que lo ha ocasionado como a los otros. La transgresión del orden establecido concierne a las dos partes.

La segunda es el hecho de que la mayoría de los problemas tienen múltiples dimensiones que no abarcamos. En la resolución de conflictos sociales, cada parte se expresa por separado y cada persona expone sus pensamientos y sentimientos a la asamblea.

La tercera consiste en trabajar los diferentes aspectos hasta que la armonía y el orden se restablezcan.

Y por último la cuarta fase, indispensable en la resolución del conflicto, consiste en que todo debe disiparse en ambas partes. El proceso de perdón se ha efectuado entonces correctamente.

Para finalizar, damos las gracias por la resolución y por la participación sincera de cada uno.

Estas cuatro etapas se utilizan tradicionalmente en la resolución de conflictos; sin embargo, se puede proceder sin que todas las partes estén presentes. Es la variante que aplicó el doctor Hew Len y la que tú utilizarás.

Las cuatro frases del Ho'oponopono

Algunas personas utilizan directamente el término hawaiano *Ho'oponopono*. Sin embargo, la vibración de esta sonoridad puede no convenir a todo el mundo y es por ello por lo que se acostumbra a utilizar cuatro frases:

Lo siento.
Perdóname.
Gracias.
Te amo.

Es una especie de mantra que nos conecta con nuestra parte divina. Su significado es el siguiente:

Siento lo que ha causado esta perturbación.
Perdóname por ello, no lo sabía.

Gracias por haber revelado este aspecto en mí.
Te amo tal como eres.

También se puede interpretar de la siguiente manera:

Siento haberte juzgado mal.
Perdóname por no haberte entendido.
Gracias por haber revelado este aspecto en mí.
Te amo tal como eres.

Esta segunda interpretación se aplica mejor cuando estamos ante un problema con una tercera persona.

A pesar de que me parece importante conocer el significado, cuando se enuncian las frases no es necesario concentrarse en él. Es nuestra conexión con nuestra parte divina y la memoria lo que prevalece.

La práctica

Para aplicar el Ho'oponopono, puedes practicar:

- Solo.
- Con un terapeuta que utilice este método en su trabajo.

Si te decides por un terapeuta, en general la práctica se añade al final de la sesión. Personalmente, cuando lo utilizo con un paciente, lo hago al final para liberar aquellas memorias a las que no podemos acceder de otra manera. La parte que consagro al Ho'oponopono es por tanto relativamente corta, diez minutos como máximo.

Primero le explico a la persona esta práctica. Acto seguido, le pido que se conecte mentalmente con la parte más elevada de su ser y repita después de mí cada una de las cuatro frases. Yo misma me conecto con la parte más elevada de mi ser y la de la persona por la cual practicamos el Ho'oponopono. Repetimos las frases varias veces, lentamente, concentrándonos en lo que decimos. Percibo a nivel energético lo que sucede y sé si es necesario continuar o si podemos parar. Generalmente, cuando las memorias se disipan, la persona siente que algo se ha ido o que la emoción en la que estaba sumergida se ha disipado.

Si utilizas la práctica solo, al final del libro encontrarás un protocolo de trabajo sobre diversos temas para profundizar en los diferentes aspectos de los problemas que desees tratar.

Antes de nada, hay que elegir el problema y concentrarse, bien de manera general, bien sobre un aspecto en concreto. Después uno se conecta con la parte más elevada de su ser sin bloquear la respiración, respirando tranquilamente, es importante a nivel energético. Pon atención en cómo te sientes. Sabrás intuitivamente si debes parar o continuar.

Al ser la práctica del Ho'oponopono un proceso energético, sentirás rápidamente si el proceso ha llegado a su fin, en cuyo caso debes parar de repetir las frases, o si el proceso saca a la superficie una memoria tras otra, en cuyo caso debes seguir el tiempo que estimes necesario. No intentes analizar nada de lo que se proyecte en tu mente. No tiene ninguna importancia si surgen pensamientos, tanto si parecen o no relacionados con el problema, simplemente continúa.

Si paras y sientes que aún no has terminado, puedes volver a ello más tarde.

En cuanto al proceso en sí, la percepción será distinta dependiendo de la persona y del momento.

Es por ello por lo que cuando se practica solo, se puede elegir entre dos maneras diferentes, que yo llamo directa e indirecta:

- La manera directa consiste en concentrarse en el problema y los aspectos sobre los que se quiere trabajar mientras se practica el Ho'oponopono. Se elige un momento determinado, uno se sienta y se practica. La duración puede variar.
- La manera indirecta consiste en pensar en aquello por lo que queremos hacer el Ho'oponopono. Se puede practicar incluso andando por la calle o haciendo cualquier otra cosa. Uno se conecta a lo más elevado de su ser, se visualiza rápidamente el problema de manera consciente y se repiten las frases mentalmente o en voz alta si es posible.

Lo más importante de todo es la conexión que se establece; en cuanto al resto, el proceso se desarrolla solo.

De esta manera, se puede utilizar el Ho'oponopono para tratar de solucionar un problema que nos concierne o del que solo somos testigos, ya que siempre hay algún tipo de resonancia, aunque únicamente sea por el hecho de que, al cruzarnos en el camino de esa persona, según el principio de esta práctica de curación espiritual, somos responsables.

Se entiende por responsabilidad el hecho de que, a través de la compasión, podemos conectarnos a un plano más alto, que escapa a toda competencia y voluntad, para liberar memorias.

Pongamos un ejemplo. Estamos en la calle y vemos una persona sin hogar. Nosotros no estamos directamente implicados en su situación; sin embargo, podemos practicar el Ho'oponopono por el simple hecho de habernos topado con ella. El hecho es que, en un momento determinado de nuestra vida, esa persona se cruza en nuestro camino.

Yendo más lejos en la reflexión, este tipo de situación se produce a menudo en nuestra vida cotidiana. No sabemos nada de la persona con la que nos cruzamos, pero según la filosofía del Ho'oponopono, podemos asumir la responsabilidad de liberar memorias. En la historia de esa persona hay necesariamente una o varias memorias que, aunque a niveles imperceptibles, entran en resonancia con nosotros. Si somos conscientes de que todo está interconectado, es ahí donde asumir la responsabilidad cobra sentido. Hay que tener en cuenta, no obstante, como veremos más adelante en varias ocasiones, que no se trata de tener la intención de cambiar nada.

Alineación de nuestro Yo con nuestra esencia profunda

Cómo actúan las memorias: procesos de perdón y de reajuste

> Es como si todos formáramos parte de una gran sinfonía. Cada uno toca un instrumento. Yo toco uno, usted tiene el suyo. Cada uno es único. Para poder dar el concierto y que todos lo aprecien, los músicos deben tocar su propia partitura, no la de otro. La cosa se complica cuando no tocamos nuestro instrumento o cuando pensamos que el del vecino es mejor que el nuestro. Eso es una memoria.*
>
> **Doctor I. Hew Len**

Las memorias vienen de nuestro subconsciente. Se manifiestan en forma de problemas repetitivos, ya sea a nivel corporal, relacional o material.

* Cita extraída del libro *Zéro limite* de J. Vitale y I. Hew Len, Le Dauphin blanc. Publicada en castellano por ediciones Obelisco con el título *Cero límites*.

Nuestra parte consciente ve únicamente la punta del iceberg del problema ante el cual reacciona. No ve más allá. Nuestro intelecto solo tiene acceso a una ínfima parte.

El Ho'oponopono nos permite entrar en contacto con nuestra parte divina.* Es en este espacio interior donde la memoria que se repite va a desaparecer. No necesitamos tener ninguna expectativa o intención particular en cuanto a la práctica, simplemente ser abiertos y estar atentos a lo que sucede. Se trata de memorias que bloquean nuestro flujo de energía y que debemos limpiar para restablecer su circulación. Eso se traducirá en términos de armonía en nuestra vida.

El Ho'oponopono es una herramienta de limpieza, de liberación y de anulación de memorias. Es fácil de utilizar pero no por ello menos poderosa.

Estas memorias que son bloqueos, limitaciones, al ser limpiadas dejan paso a un flujo energético diferente. Estas memorias son pautas que nos pertenecen pero que compartimos con otras personas. La limpieza es una desprogramación a nivel del subconsciente, lo que engendra un nuevo flujo de energía que nos devuelve a nuestra vibración inicial.

* Utilizo la expresión *parte divina* por comodidad, sin ninguna connotación religiosa. Cada uno puede emplear el término que más le convenga (*ser, esencia...*).

La psicología junguiana* compararía este principio con los arquetipos, que podemos considerar como las cargas energéticas que nos activan.

Con el Ho'oponopono vamos mucho más allá del aspecto psicológico hasta remontarnos al origen. El proceso de perdón se efectúa a nuestro nivel. Cuando tenemos por ejemplo un conflicto con nuestra pareja, no es a él o ella a quien pediremos perdón, sino a nuestra parte divina.

Se puede decir que el conflicto pone de manifiesto un desequilibrio que afecta, sin darnos cuenta la mayoría de las veces, a lo más elevado de nuestro ser. Al pedir perdón a esta parte por el desorden ocasionado (pena, cólera), permitimos que haya un reajuste en nuestro interior. Las memorias o una parte de las memorias relacionadas con el conflicto desaparecen, por lo que o bien percibimos la situación de diferente manera o bien la situación cambia. Como el punto de unión con el conflicto, la memoria, ha sido disuelto, su expresión ya no tiene cabida. El proceso de reajuste en ocasiones se percibe rápidamente.

* También conocida como psicología analítica (N. de la T.).

La responsabilidad

No es culpa suya, es su responsabilidad.

Doctor Joe Vitale

En una situación en la que algo nos molesta, a menudo les echamos la culpa a los demás o a algo externo. La noción de responsabilidad que tenemos reside en el hecho de que todo forma parte de nuestra experiencia. Al repetir las frases, no nos dirigimos hacia ninguna persona en concreto sino a nuestra parte divina. La idea es liberar la energía común.

No podemos hacerlo con el objetivo de obtener algo en concreto ya que seguiríamos estando en una memoria. Estas frases sirven para limpiar, no para que seamos perdonados por la Divinidad. Limpiamos aquellos programas o pautas internos que nos impiden alcanzar el estado de Amor puro.

Las memorias son programas, una especie de arquetipos, que circulan por el mundo y con los que estamos conectados. El principio consiste en que en el momento en el que nos damos cuenta de que alguien tiene esas memorias, significa que nosotros también las tenemos. El exterior es como un espejo de lo que somos.

Nuestra responsabilidad también reside en el hecho de elegir limpiar esas memorias. Durante la limpieza, limpiamos el programa común. Poco importa qué necesita ser limpiado, lo será y punto. No debemos tener ninguna intención en particular.

A veces confundimos responsabilidad con culpabilidad cuando en realidad son dos cosas totalmente diferentes. En este caso, la primera consiste en asumir la responsabilidad del elemento que lo produce. El problema no soy yo ni el otro, es aquello que lo ocasiona de lo que debemos ser responsables. A ese nivel debemos practicar. A menudo aquello que pensamos que es el elemento de origen quizás no lo es, pero como la acción del Ho'oponopono va a ir al sitio justo, no hay riesgo de equivocarse. Normalmente nos hacemos una idea de lo que ha generado el desorden, o una parte del desorden, y vemos la situación de manera analítica, parcial y mental. Es decir, intentamos comprender para poder actuar. El Ho'oponopono no entra en esas consideraciones, va más allá del mental y de la consciencia.

De esta manera, asumir la responsabilidad del elemento de origen significa que, cualquiera que sea la situación, eso ocurre en un plano determinado. Nuestro Yo (Esencia) puede acceder a ese plano. El Ho'oponopono permite conectarnos a la Fuente y por lo tanto al elemento de origen, que se encuentra mucho más allá de lo que nosotros pensamos.

Asumir la responsabilidad es aceptar la resonancia interna, cualquiera que esta sea.

Dejamos en la sombra una parte de nosotros, ya sea una parte que ignoramos o una parte que rechazamos, suele ser lo mismo. Únicamente contactamos con ella a través de los demás y, en particular, a través de algo que nos molesta y ante lo que reaccionamos. En el trabajo con el Ho'oponopono, debemos considerar que el mundo es un vasto holograma en el que todo está en todo y por tanto todo lo que reside en los demás reside en nosotros. El principio de responsabilidad tiene cabida a este nivel.

La responsabilidad se encuentra al mismo tiempo en nuestros pensamientos, en nuestros actos y en todo aquello que se produce en nuestra vida.

Asumir la responsabilidad significa aceptar y amar esas manifestaciones. A partir de ahí la limpieza y la curación pueden producirse. Amar esas manifestaciones no quiere decir disfrutarlas o garantizarlas. Se trata de otro nivel más sutil que el de la aceptación. Cuando nos encontramos ante una situación incómoda que nos produce miedo, cólera e inseguridad y que pone patas arriba el orden establecido, una parte de nosotros sufre. Si empezamos por aceptar lo que es, lograríamos quererlo, es decir, prestar atención y dar amor a esta parte que se encuentra desestabilizada en nosotros, pues no olvidemos que cada vez que luchamos contra una situación, luchamos también contra nosotros mismos. Cada vez que, frente a una dificultad, queremos que esta se resuelva lo más rápidamente posible, o que nunca haya tenido lugar, es entre otras cosas porque una parte de nosotros sufre y se rebela. Comencemos por reconocer esta parte que sufre, que no es tan perfecta como hubiéramos querido, y démosle cariño.

Esta noción de responsabilidad produce una actitud diferente a la que estamos acostumbrados, sobre todo a nivel personal. La mayoría de las veces, cuando nos cuentan algo, bien nos quedamos sin reaccionar, bien juzgamos o damos consejo. Con el Ho'oponopono la idea es que cuando alguien verbaliza algo, lo comparte con nosotros y su memoria se convierte en la nuestra. Al liberarme de su memoria, me libero igualmente.

No lo hago por la persona sino porque asumo la responsabilidad de aquello que se encuentra en mi campo energético.

De igual manera, cuando se asiste a un suceso (discusión, cruzarse con alguien en estado de ebriedad...), se puede practicar Ho'oponopono.

Cómo se manifiesta la limpieza

> El objetivo de la vida es ser Amor, a cada instante. Para alcanzar ese objetivo, el individuo debe reconocer que es cien por cien responsable de crear su vida tal y como es. Tiene que ver que son sus pensamientos los que crean su vida a cada instante. Los problemas no provienen de la gente, de lugares o situaciones, sino más bien de los pensamientos que los acompañan. El individuo debe darse cuenta de que los problemas no pertenecen al exterior.*
>
> **Doctor I. Hew Len**

Como ya he mencionado anteriormente, cuando hacemos limpieza en nuestro interior, se manifiesta en el exterior. Pero como no existe ninguna intención, solamente el proceso de limpieza, no podemos prever lo que sucederá. De cualquier forma, Dios

---

* Cita extraída del libro *Zéro limite* de J. Vitale y I. Hew Len, Le Dauphin blanc. Publicada en castellano por ediciones Obelisco con el título *Cero límites*.

(el Universo) responderá de la manera más apropiada para cada uno en cada momento.

Siempre podemos elegir si queremos limpiar o no nuestras memorias. La paja que a menudo vemos en ojo ajeno suele ser la viga que no vemos en el nuestro. Es sobre esta viga que obstruye nuestra consciencia sobre la que realizaremos el trabajo de limpieza.

Recordemos los puntos más importantes del proceso:

- La responsabilidad de un problema no es la culpabilidad, sino el hecho de haber decidido limpiar esa memoria o no. Esto difiere de la culpabilidad. No olvidemos que la responsabilidad es una cuestión de resonancia en nuestro fuero interno.
- No sabemos dónde reside el problema. Es en nosotros donde se opera el cambio, no en los demás. Hay que tener confianza en nuestra parte divina y dejar de lado nuestra mente.

Se podría decir que la limpieza de esos programas, esas memorias, es un retorno a la Fuente, donde la energía de nuestro ser puede circular libremente y recobrar su sentido inicial.

Cuando vemos aquello que nos perturba o molesta en nuestra vida, es fácil limpiar. Sin embargo, cuando odiamos uno de nuestros defectos y hacemos todo lo posible para que deje de existir, no es fácil porque nos encontramos ante múltiples resistencias interiores de las cuales no teníamos consciencia.

¿Qué es lo que hacemos en realidad? Rechazamos ese aspecto de nosotros, incluso lo negamos en algunos casos. Pero cuanto más lo rechazamos, más tensión creamos. Si actuamos así, nos será difícil practicar el Ho'oponopono, simplemente porque si lo hacemos, estaríamos «aceptando» el problema.

Me parece por tanto necesario aclarar ciertos puntos para que puedas beneficiarte plenamente de esta maravillosa herramienta que es el Ho'oponopono.

Aceptar el problema no significa decir «voy a vivir con eso toda mi vida y nunca cambiará». Aceptar implica reconocer lo que hay, reconocer que eso existe, que es eso lo que me perturba; y de acuerdo con el principio del Ho'oponopono, comprender que se trata de una memoria, un programa. ¿Por qué está ahí y cómo ha llegado hasta ahí? Poco importa. Lo que importa es que tenemos nuestras cuatro frases para hacerle frente.

Cuando tenemos un problema con algo o alguien, con lo externo, tendemos a pensar que el problema proviene de lo «otro». Las técnicas de comunicación nos recuerdan que en una relación, cualquiera que sea, siempre hay varios protagonistas. Nosotros somos por tanto uno de los protagonistas del conflicto con otra persona. La cuestión no es saber quién tiene razón o no, sino darse cuenta de que hay un conflicto que nos afecta. Es en ese punto donde el Ho'oponopono actúa sobre esa memoria, ese programa que va seguramente mucho más allá de aquello que imaginamos o de lo que somos conscientes.

A veces hará falta practicarlo durante mucho tiempo ya que pueden existir muchas memorias y estas a su vez pueden tener diferentes aspectos.

Por ejemplo, un día, al entrar en mi coche, empecé a hacerlo por no sé qué razón y todo se encadenó. No sé muy bien de dónde vino todo, ni tampoco importa, el caso es que practiqué durante tres cuartos de hora seguidos. A veces puede tratarse de cosas insignificantes como pensamientos o recuerdos que nada tienen que ver (o al menos de manera consciente) con lo que nos ha llevado a practicar.

Según lo que constato y lo que siento cuando lo hago para mí, es como si un espacio interior se abriera y se conectara con un espacio superior que permite la limpieza. Poco a poco surgen imágenes de temas que salen a la superficie. Cuanto más «limpio», más temas van saliendo a la superficie.

¿Debemos practicar el Ho'oponopono consciente o mecánicamente? Ambas formas son posibles. Hay que confiar en lo que sentimos. Generalmente, yo lo hago de manera consciente cuando estoy trabajando con un «asunto importante». En este caso, lo practico con todos los aspectos que van apareciendo.

Cuando practicamos de manera mecánica, es como si repitiéramos un mantra. Existe una conexión y un trabajo, pero quizás somos menos conscientes del impacto. Percatarse del impacto y de la eficacia del Ho'oponopono es a veces sutil. No siempre es inmediato ya que a menudo existen diferentes aspectos relacionados entre sí. Pero al cabo de un tiempo nos damos cuenta de que ya no reaccionamos de la misma manera, o que ya no pensamos en lo que ha ocurrido o lo hacemos de manera diferente. Es como si algo se hubiera ordenado y sintiéramos cierto desapego. Hay personas que sienten alivio.

Cuando lo utilizo para mí, veo claramente los efectos. En un primer momento, como sucede en la meditación, siento que mi espíritu se libera, me tranquilizo y no pienso más en el problema, lo dejo ir. Más tarde, en función de lo que haya trabajado, noto el cambio en mi manera de reaccionar. Asimismo he podido constatar que cuando se trata de un conflicto, este se resuelve.

También he sido consciente de un profundo dejarse llevar, de un sentimiento de alegría interior que se instala, de una visión que se expande. Siento gratitud hacia la vida, confianza y apertura de corazón. Algo se aligera en lo más profundo de mi ser. Ha sido un verdadero retorno a la espiritualidad y a valores que estuvieron escondidos mucho tiempo y que ahora salen a la superficie.

Para mí el Ho'oponopono es un trabajo espiritual profundo que aporta calma y apertura de mente sin tener que adherirse a creencias de ningún tipo.

Es como si entráramos en contacto con la esencia de la vida, con el presente, con la profundidad de nuestro ser y viviéramos de forma más consciente y con más intensidad.

No hay ritual, creencia o petición particular. No nos tenemos que preguntar si vamos a ser escuchados o no. Es el momento presente, un problema, un pensamiento, y repetir las cuatro frases. Puede ser muy corto o muy largo, la duración no tiene importancia.

Cuando practico el Ho'oponopono con otras personas, lo hago generalmente al final de una sesión de psicología energética. Todos los diferentes aspectos se han trabajado antes, y me concentro en los elementos que me parecen esenciales para practicar el Ho'oponopono. Se suele hacer muy rápido: generalmente hay entre uno y tres aspectos por tratar. Nombro el elemento en cuestión y practicamos unos dos minutos. Como percibo las energías y los diferentes campos sutiles, siento la conexión a la memoria y el momento en el que la liberación se ha producido. La persona siente una emoción liberadora o cierta libertad interior.

Otras veces propongo este tipo de trabajo fuera de una sesión convencional, y el poder de la conexión que siento está también presente.

En esta práctica, la atención se centra en el hecho de que, a nivel consciente e inconsciente (también llamado subconsciente), las experiencias se viven a través del «filtro» de las memorias. En otras palabras, las memorias modifican las experiencias que vivimos y ejercen una especie de sello u opacidad entre nuestra Inteligencia superior (o Inteligencia divina) y nuestra realidad física. Modifican nuestra vida. Es necesario por tanto limpiar esas memorias para recuperar el vínculo con esa parte de nuestro ser. Es como si fuéramos limpiando poco a poco un cristal sucio que, al volverse cada vez más transparente, nos permitiera ver el paisaje de otra manera y así orientarnos de forma diferente. Una vez las memorias limpias, nos encontramos en un espacio de creación libre, lo cual tiene un impacto en nuestra vida.

Retomar el curso de la vida con el Ho'oponopono

El Ho'oponopono permite limpiar pensamientos e ir más allá. Es como arrancar malas hierbas. Vamos despejando un espacio contaminado. Por lo que siento cuando lo practico, es como si otra dimensión espacio/tiempo se abriera y permitiera hacer el trabajo de desprogramación. Todo se vuelve más liviano y se crean nuevas posibilidades. Se hace sitio para sembrar cosas nuevas y permitir que emerja aquello que debe hacerlo para nosotros. Es como una especie de inspiración que está ahí. Entramos en un estado que yo calificaría de «creación» o «creatividad». Se trata al mismo tiempo del desarrollo de nuestra intuición y de sincronicidades que se presentan. Este flujo nos impulsa a una dinámica de equilibrio con nosotros mismos. Como si por primera vez fuéramos en el sentido de la corriente en lugar de remar a contracorriente. Cuando miramos hacia atrás, nos preguntamos «pero ¿por dónde he pasado para toparme con tantos obstáculos?» y vemos el paisaje accidentado que acabamos de atravesar de forma natural como si los obstáculos hubieran desaparecido.

Esta limpieza nos da la impresión de despojarnos de capas y quitarnos velos en los que estábamos enredados. Y el proceso se lleva a cabo sin dolor.

A menudo estamos en lucha con el flujo de la vida. Intentamos mantener el control para conseguir cosas y evitar todo sufrimiento cuando en realidad se trata más bien de aceptar dicho flujo tal como es y de la manera que se presenta, sin controlarlo. Aunque estaremos de acuerdo en que es muy fácil decirlo, pero mucho más difícil ponerlo en práctica. El Ho'oponopono nos ofrece la oportunidad de dejarnos llevar por la corriente y continuar limpiando todo aquello que va apareciendo. Se trata de un acto de fe en la vida. A veces tenemos la esperanza de que las cosas se arreglen, pero ¿cómo pueden hacerlo mientras seguimos inmersos en memorias?

El Ho'oponopono es un método que nos permite limpiar nuestra memoria celular y espiritual y retornar a la Fuente.

El proceso es sencillo, tan sencillo que es increíblemente asombroso. Al principio escuché la historia del doctor Hew Len sin hacerme una opinión concreta pero a la vez sentí que algo en lo más profundo de mí era interpelado. No apliqué el método. Simplemente reemplacé por las cuatro frases el mantra que solía utilizar. Nada que ver con la verdadera práctica, pero mi mente y mi ego se sentían seguros. Unas semanas más tarde una amiga me preguntó por teléfono si practicaba el Ho'oponopono. En ese momento me di cuenta de que se me había olvidado. Ella me aconsejó ponerlo en práctica, por lo que busqué mis notas y lo utilicé para finalizar una sesión de psicología energética. Algo realmente poderoso sucedió, algo liberador. Continué haciéndolo y pronto el método se integró en mi vida cotidiana.

Lo he experimentado tanto para cuestiones insignificantes, pequeñas contrariedades, como para temas realmente importantes que he limpiado. Se lo he explicado a mis allegados, que a su vez también lo han puesto en práctica, y después, poco a poco, lo he introducido en mi acompañamiento terapéutico de diferentes formas.

Otras personas a las que se lo he explicado y que lo han puesto en práctica también han atestiguado su poder, incluso sobre asuntos importantes y delicados.

También comprendo que pueda haber escépticos. Si es el caso, hay que probar desde el escepticismo. Será la primera práctica antes de pasar a los ejercicios que propongo como guía sobre la mejor manera de sacar partido al Ho'oponopono.

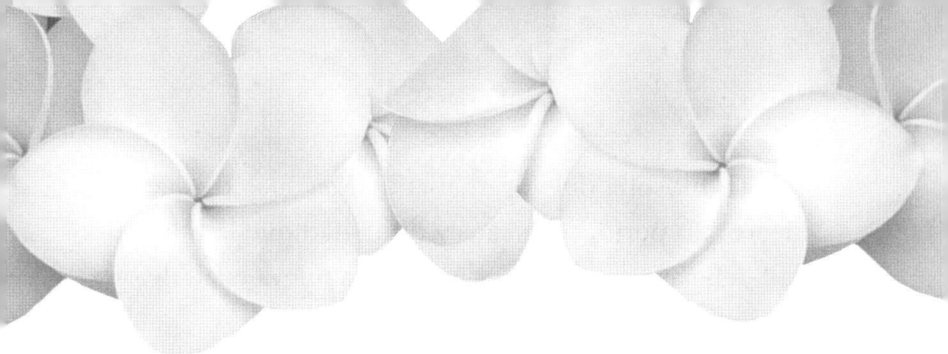

El Ho'oponopono y el período de la humanidad en el que vivimos

Tenía dudas sobre este método que tomé a la ligera en un principio. Después, rápidamente, cuando vi todo lo que nos ocurría tanto a mí como a las personas a las que acompañaba, empecé a prestar atención. Obviamente, algo estaba sucediendo. Consideraba que el concepto de Jung relativo a los arquetipos y otros elementos del budismo, como el karma, tenían puntos en común con este método ancestral de sanación hawaiano. Sin embargo, los resultados me parecieron asombrosos e increíbles teniendo en cuenta la simplicidad del Ho'oponopono.

Creo con toda sinceridad que en estos tiempos convulsos a nivel mundial, el Ho'oponopono es una herramienta de limpieza muy fácil de utilizar.

La filosofía del yoga habla de *Kali Yuga* o edad del hierro, un período de caos y dificultad que la humanidad debe atravesar antes de que una nueva edad de oro aparezca y restablezca el orden.

Sin embargo, este período difícil sería propicio, según textos hindúes y budistas, para obtener la liberación. Se trata en este caso de la liberación de nuestro karma mediante un trabajo de consciencia tal y como se describe en el yoga. Aprovecho para precisar que la palabra *yoga* significa 'unión', referida a la unión de cuerpo y espíritu, y que la utilizo aquí en su sentido más filosófico y no como técnica de bienestar.

La impresión que tengo a través de mi experiencia es que, a pesar de todos los progresos tecnológicos, nos encontramos en un período oscuro. Me pregunto si estos avances tecnológicos, en lo que se refiere a las posibilidades que Internet ofrece cuando se utiliza bien, no son el comienzo de un cambio del funcionamiento humano a nivel interno y en particular a nivel energético.

Por otro lado, todavía estamos profundamente apegados a nuestras emociones destructivas, a todo aquello que puede considerarse nuestra parte oscura. Lo que presenciamos a nuestro alrededor a nivel mundial no me parece más que la manifestación de lo que somos por dentro. El cambio solo puede producirse en cada uno de nosotros y a través de cada uno de nosotros. Pero no podemos pedirle a todo el mundo que tenga la misma conciencia. Cuanto más actuemos a nuestro nivel, más grande será la resonancia. ¿Acaso no debe esta parte de sombra manifestarse para que podamos atravesarla y llegar hasta la luz? De todas formas, la travesía no se hace sin dolor, al menos en el momento en el que nos encontramos. Estamos llegando al final de un ciclo, de un proceso, para retornar a la luz. En lo que se refiere a la materia, se necesita limpiar, aligerar, y este trabajo únicamente puede efectuarse a nivel individual. A menudo nos quedamos en el aspecto psíquico de las cosas. A mi modo de ver, existe otro nivel (del que habla la física cuántica) que es cada vez más evidente a nivel individual. Es a ese nivel donde el trabajo de memoria celular, yo lo llamaría «memoria espiritual», debe realizarse.

Darle sentido a nuestra vida me parece necesario e importante, pero pasar años dándole vueltas a las cosas para intentar «comprender» no será lo que nos liberará. Me parece importante actuar y, para dar ejemplo, liberarnos de nuestras trabas y nuestros problemas desde sus *raíces espirituales*.

Hoy me atrevo a hacer estas observaciones tras años de análisis terapéutico a mis espaldas con una sólida base junguiana y psicocorpórea. No me arrepiento de todo este tiempo de formación ya que constituye la base sobre la que me apoyo, aunque reconozco que falta algo. Y ese algo es el trabajo de memorias espirituales, que no es incompatible con el trabajo analítico.

Este enfoque espiritual, este sentimiento de existencia de diferentes planos sutiles ha sido tremendamente importante y ha estado siempre presente en mí, pero durante años no me he atrevido a hablar de él en mis obras; he preferido darles una orientación más racional. Haber podido formarme durante décadas a través de vías más clásicas me ha permitido reforzar este trabajo sutil, darle cuerpo, ya que, como digo, ambos no son incompatibles. Cuanto más queramos subir hacia planos sutiles, más tendremos que bajar y enraizarnos en la materia. Si nos elevamos demasiado, nos desconectamos, y si estamos demasiado en la materia, nos desconectamos igualmente de otra manera.

El mundo occidental tiene más bien tendencia hacia lo material y va a buscar en Oriente su polo opuesto: enseñanzas espirituales. Por otro lado, Oriente posee su sabiduría pero sufre con todo lo relacionado con lo material, como si cada uno hubiera optado por una de las partes en lugar de abarcarlo todo.

Quiero añadir a esta reflexión que está claro que, en Francia al menos, cada vez hay más gente que pide un alivio rápido de su sufrimiento. Si bien no existe un efecto varita mágica, esta afirmación revela la necesidad, urgente incluso diría, de trabajar en estos planos. Quitándome las gafas de psicóloga y poniéndome las espirituales, me pregunto si, a otros niveles, en términos de evolución de la humanidad, esta necesidad no es ineludible. La física cuántica explica los fenómenos energéticos, fenómenos que el yoga, el taichí, el *qigong* y las artes marciales conocen y utilizan desde hace miles de años, pero que aún se consideran marginales y esotéricos. Creo que entramos en una era en la que todo aquello que se encuentra en un nivel sutil, concretamente en términos de energía, se desarrollará cada vez más y será cada vez más conocido y utilizado. La psicología de tipo energético y las técnicas de sanación espirituales son ya un buen comienzo que permite dar a conocer a un gran número de personas la existencia de los campos vibratorios y su utilización. Estas herramientas, en concreto la psicología energética, se consideran una novedad, pero en realidad transmiten principios ancestrales, y eso me parece importante no olvidarlo. Nuestro mundo no difiere del de antes en términos de funcionamiento, lo que cambia es la consciencia que nosotros tenemos. Y esta «consciencia» pasa por el descubrimiento de técnicas que a veces se convierten en modas. Pero ¿cómo deben utilizarse estas técnicas? ¿Sirven para realizar un verdadero cambio interno? Ello depende únicamente de nosotros y de lo que hagamos con ellas.

Ya sea a nivel personal, familiar, profesional, gubernamental o referente a la naturaleza, sentimos malestar y agitación. Todo está relacionado, es el principio de interdependencia, bien conocido dentro del budismo.

El Ho'oponopono nos ofrece la oportunidad de actuar a nuestro nivel, de forma sencilla, en conexión con nuestra Esencia Divina, en pos de nuestro bien y el de los demás. Tras pasar años queriendo cambiar a los otros, tenemos al alcance de la mano una técnica sencilla y poderosa para evolucionar y conectarnos con nuestra parte divina. La lógica me parece que se deriva de eso. Cuanto más limpiemos nuestras memorias y más perdonemos, mejor aceptaremos a los demás, comprenderemos que nuestras diferencias son riqueza y permitiremos la aparición de un nuevo espacio.

Permaneciendo en la oscuridad no conseguiremos que la luz emerja en otro lugar. Sin embargo, si encendemos el interruptor, la luz brillará en nosotros y en todo lo demás.

Modificar nuestro campo vibratorio y elegir nuestra vida

> Por encima de todo, están estos fenómenos energéticos prodigiosos, todavía más incomprensibles: la vida y el pensamiento.
>
> **Charles-Noël Martin**

Dentro del campo de la energía, hablamos de estados y porcentajes vibratorios. La vibración es más rápida cuanto más nos situamos en planos espirituales, hasta llegar a una especie de zona casi inmóvil.

En este trabajo de limpieza que hace el Ho'oponopono, existe un crecimiento de nuestro espacio interior, un aumento de las vibraciones positivas.

Se produce una renuncia interna y con ello la confianza aumenta. Cuanto más efectuamos este trabajo de limpieza de nuestras memorias, más entramos en contacto con nuestro espacio espiritual y tomamos conciencia de que somos nosotros los que elegimos nuestra vida. Esta elección reside sobre todo en la manera en la que hacemos frente a lo que nos sucede.

A menudo confundimos elección y control. El control nos tensa, nos limita. La elección nos da pie a un compromiso y nos saca de la casilla de víctima. Es entonces cuando asumimos la responsabilidad de nuestra vida.

La noción de compromiso en nuestros días es complicada. Para mucha gente comprometerse significa perder la libertad. Preferimos no comprometernos por miedo al riesgo, y por ello vivimos dentro de un área de funcionamiento restringida. Pero el primer compromiso que debemos contraer es con nosotros mismos, y ese compromiso implica una elección.

Elegir nuestra vida implica comprometernos a respetarnos y a respetar la vida que nos anima. Cuando no nos comprometemos con nosotros mismos, vamos a contracorriente del movimiento de la vida. Hacemos responsable de todo lo que nos ocurre al otro, a lo externo, y nos acomodamos en nuestra impotencia, es decir, en la imposibilidad de actuar. Es lo que sucede cuando funcionamos dentro de nuestras memorias.

Hacer una elección en nuestra vida significa levantarse, erguirse, conectarse con nuestro potencial interno a todos los niveles. Hacer una elección en nuestra vida nos permite conectarnos con nuestra parte divina. Es entonces cuando asumimos la plena responsabilidad de nuestra vida y la honramos. Podemos ver las cosas de diferente manera, darles sentido. Activamos nuestra posibilidad de actuar y empezamos a ver los cambios, como si de repente múltiples velos cayeran delante de nuestros ojos. El mundo a nuestro alrededor cambia porque nosotros cambiamos nuestro punto de vista. El espacio exterior se alinea con nuestro espacio interior; esto en realidad siempre ha sido un hecho, pero al haber cambiado nuestro nivel vibratorio y dejado caer todas las barreras, hemos creado una conexión diferente con el exterior. Esas barreras son todos nuestros pensamientos, emociones, sentimientos, creencias, experiencias y sufrimientos. Todo aquello a lo que el Ho'oponopono llama «memorias» y que ensombrece nuestro camino. El Ho'oponopono nos ofrece la posibilidad de disipar esas memorias.

Cuando queremos mantener el control de nuestra vida, estamos encerrados en nuestras memorias, ya sean personales, familiares, culturales o kármicas... Gracias al Ho'oponopono, nos conectamos a nuestra parte divina que está a su vez ligada a la Fuente, y la energía vuelve a fluir. A fuerza de practicar Ho'oponopono, notamos la conexión con lo Divino a dos niveles, a través de los resultados que observamos y por el estado interior que se crea. Poco a poco, encontramos un espacio para la gratitud.

Con esta práctica, nos conectamos a lo Divino o a la parte más sagrada de la manifestación de nuestra vida. Según mi experiencia, lo explicaría como un punto en el que al mismo tiempo todo está condensado y vacío. La conexión con este espacio en su «estado condensado» es una vibración. Como ya he mencionado, haciendo referencia a la psicología de Jung, se podría hacer una analogía con la noción de arquetipo. Un arquetipo se puede considerar como una carga energética. En términos de energía, nuestras memorias vibran en ese espacio. Es como una primera etapa en la que entramos en contacto con esa zona. A continuación es como si, más allá del encuentro con esa zona, hubiera un acceso a otro espacio en el que se opera la desprogramación y se produce una reordenación con nuestra vibración de Vida original, con nuestra Esencia. Esta energía «purificada» vuelve a nosotros y es lo que percibimos a través de nuestras experiencias, que se vuelven diferentes. Gracias al Ho'oponopono, mantenemos continuamente ese intercambio, esa limpieza, esa liviandad.

Las sociedades tradicionales y algunas técnicas ancestrales como el yoga han hablado sobre estos estados vibratorios y con sus textos ofrecen una explicación a esos planos. También hablan de la evolución de los tiempos y de la humanidad. Dos buscadores, Sri

Aurobindo y la Madre, dedicaron sus vidas al trabajo de lo que ellos llamaron la mente de las células. Su trabajo es conocido dentro del yoga integral. Se trata de poner la conciencia en lo más profundo del ser humano, más allá de la célula, para descubrir aquello que está más allá de la materia. Este trabajo de consciencia tiene como objetivo transformar la materia.

Los planos sutiles, llamémoslos «planos energéticos», se manifiestan en la materia. La materia es energía solidificada. No hay diferencia entre un ser humano y una mesa. Estamos formados por los mismos átomos, la misma energía, pero la organización y la densidad son diferentes. Los planos sutiles tienen una vibración extremadamente rápida mientras que en el plano material la vibración es mucho más lenta. Aparte de la densidad, existe también otro aspecto a nivel vibratorio que yo compararía con una longitud de onda.

Tomemos como ejemplo una emisora de radio. Para captarla, debemos conectarnos a la frecuencia adecuada. Esta frecuencia tiene una longitud de onda. Con la energía ocurre lo mismo. Si actuamos siguiendo o estando conectados a una vibración en concreto, todo lo que sucederá en nuestra vida estará relacionado con esa vibración, con esa frecuencia. Las memorias son frecuencias a las que estamos conectados y por las cuales experimentamos un impacto. Estamos conectados a nivel personal, familiar, incluso kármico, ya que en términos de energía, el tiempo no existe. Cuando nos conectamos a cierta frecuencia, es como si no conociéramos otra cosa. El Ho'oponopono nos permite conectarnos a la parte más sutil de esa frecuencia y limpiarla.

El acceso a la «Fuente» de esa memoria va a abrir nuestro campo de experiencias y posibilidades. Una vez más, no tenemos necesidad de ser conscientes del origen, simplemente debemos practicar a partir de nuestra experiencia, de su manifestación.

La práctica del Ho'oponopono aumenta nuestra vibración ya que limpiamos las memorias que nos lastran. Cuanto más alta sea nuestra vibración, más en contacto estamos con la Fuente.

Cuanto más limpiamos, más fácilmente podemos acceder a esa Fuente, a ese punto que podemos identificar. Ese punto es verdaderamente para mí la puerta que se abre hacia otro espacio, un lugar de paz, de claridad y de silencio desde el que todo emerge y todo se disipa. Existe un movimiento constante entre los planos sutiles y la materia. La energía sutil se densifica en su descenso hacia la materia y libera memorias en su ascenso. Todas esas memorias son la cristalización de nuestros pensamientos, emociones y sentimientos, todos ellos filtrados por nuestras experiencias. Son intemporales.

Algo particularmente interesante es que si practicamos Ho'oponopono bastante tiempo seguido, van a surgir pensamientos y recuerdos, a veces muy rápidamente. Se trata de memorias que ascienden y se limpian. No hay por qué agobiarse. Tampoco generan emociones. Es como si fuéramos tirando de un hilo del que los nudos se van deshaciendo poco a poco. O como si hubiéramos abierto un gran caldero de sopa del que emergen diferentes olores. Es un proceso que se despliega.

A veces podemos practicar Ho'oponopono durante cierto tiempo seguido o simplemente hacerlo tres o cuatro veces y parar. En ambos casos sentimos una especie de movimiento que se para. Se trata de la manifestación del flujo de energía que percibimos en ese momento y de esa manera.

¿Es necesario ser consciente de lo que sucede? Rotundamente no. Si he descrito ese proceso es porque tengo una sensibilidad natural para sentir los cambios de vibración. Pero si no nos percatamos de ello, el simple hecho de hacerlo crea una intención y el proceso se lleva a cabo porque existe una conexión. Es como cuando encendemos la radio y elegimos una emisora: no nos hace falta comprender el funcionamiento, nos basta con elegir la frecuencia adecuada.

Por qué liberar las energías bloqueadas

¿Por qué lo real cambia de lugar?

Gaston Bachelard

Liberar energías bloqueadas te da más libertad en todos los aspectos de tu vida: financiero, profesional, personal... Cuando algo va mal, la mayoría de nosotros tendemos a buscar una solución en el exterior. Pero cuando entendemos el fenómeno de resonancia con nosotros mismos, empezamos a notar los cambios, nos convertimos en el centro. Cuando una memoria desaparece, los acontecimientos cambian, ya que ese imán que antes atraía la resonancia que iba con él deja de existir. Al cambiar la frecuencia interna, la respuesta externa se modifica.

Nuestras posibilidades se amplían porque hemos cambiado. Cuando esto sucede, normalmente no nos damos cuenta. Es el exterior el que nos refleja ese cambio en términos de experiencias diferentes. Por otra parte, podemos percibir el cambio porque nuestra manera de reaccionar a los acontecimientos se ha modificado.

No poseemos la misma vibración desde el momento en que cambiamos. Al estar todos relacionados, cuando liberamos ese tipo de energía, accedemos a un espacio abierto de fluidez y de creación, como si nos reprogramáramos con aquello que realmente somos, con nuestro plan de encarnación.

Todos albergamos dentro de nosotros cólera, odio, envidia, miedo..., todas esas emociones que filtran nuestra experiencia y que están ligadas a nuestras memorias. La limpieza de memorias tiene un impacto sobre esas emociones.

Existe dentro del budismo tibetano una técnica llamada *tonglen*, que consiste en realizar un trabajo de limpieza gracias a meditaciones específicas. Antes de practicarla para los demás, se recomienda hacerlo para uno mismo con el fin de profundizar en el amor y la compasión. Se trata de compadecerse de los diversos sufrimientos físicos y mentales de todos los seres humanos y de ofrecerles felicidad, bienestar, serenidad y plenitud a través de nuestro amor. Esta es una tarea descomunal no accesible para todos, ya que si no logramos estar plenamente en la compasión, absorbemos lo negativo y, a nuestra vez, expandimos toda nuestra carga emocional negativa. Para practicar esta técnica hay que meditar centrándose en el espíritu.

Yo compararía el Ho'oponopono con esta técnica tan poderosa como difícil, con la diferencia de que el Ho'oponopono no nos pide asumir nuestra responsabilidad ni crear una intención para los demás sino simplemente entrar en un espacio de resonancia en cuanto a los problemas de los demás. Y esto sin necesidad de tener realmente consciencia de ello.

Gracias a las cuatro frases que son una especie de mantra que nos ayuda a conectarnos con nuestra parte divina, las memorias pueden limpiarse y las pautas, desprogramarse.

Se trata de un proceso de autoperdón, un proceso de perdón y reconciliación con nuestra Esencia Divina.

Nuestro libre albedrío consiste en elegir seguir el curso de la vida que nos ha tocado. Lo que se interpone es nuestra mente y el vasto campo de nuestras memorias –del presente, el pasado, transgeneracional y más allá–, que es necesario limpiar para así continuar en el curso de la vida con el menor número de parásitos posibles.

La limpieza nos permite conectarnos cada vez más a nuestra propia Fuente. Todo pertenece a la vasta perspectiva del Universo. Todos tenemos un cometido, pero a veces tomamos el de otra persona. Por ejemplo, cuando practicamos o enseñamos algo, todos tenemos una manera específica de hacerlo que está en resonancia con nuestra vibración. Sin embargo, ¿no tienen otros el mismo cometido, la misma función que nosotros? Sí, pero en realidad es la apariencia exterior lo que es similar. Cada uno lo hace a su manera, desde su sitio y de manera diferente al de al lado. Podemos tener aptitudes para ciertas cosas, pero siempre desempeñamos un rol.

Para terminar, cabe señalar que en esta limpieza de memorias no actuamos únicamente sobre el pasado y el presente, también lo hacemos sobre el futuro. Al limpiar los primeros, nuestra vibración se modifica, entramos en resonancia con un nuevo espacio y nuestro futuro se modifica en consecuencia.

Resolver conflictos para ser feliz

El Ho'oponopono es un método maravilloso para la resolución de conflictos, pero ¿qué ocurre con los conflictos psíquicos?

Como vimos al principio, Ho'oponopono significa 'restablecer el orden', y quien dice orden, dice armonía y equilibrio. Tenemos tanta necesidad de orden externo como de orden interno. A menudo separamos ambos aspectos, interno y externo; sin embargo, el equilibrio pasa necesariamente por los dos. No podemos estar equilibrados en lo relativo al exterior si no lo estamos de manera interna. Esto es válido para todos los aspectos de nuestra vida. Encontramos dificultades porque hay algo en nosotros que no está ordenado, alineado diría yo. No obedecemos a razones. Permanecemos en un estado de tensión interior que nos aleja de nuestro centro, de nuestra conexión con el Universo, de nuestra alma.

Necesitamos que exista equilibrio y armonía entre el cuerpo, la mente, las emociones y el espíritu (aspecto espiritual).

El Ho'oponopono nos permite restablecer el equilibrio. Pero ¿qué es lo que rompe ese equilibrio?

Como hemos visto en las cuatro fases del proceso, cada problema tiene múltiples imbricaciones. El desequilibrio puede provenir de algo que hemos hecho, pero también puede estar relacionado con un problema transgeneracional o una memoria común, diversos factores que en realidad no nos importa conocer porque conocerlos no permitiría resolver el conflicto. Cuando hablo de conflicto, no hablo únicamente de conflicto externo, entre varias personas. A nivel familiar han podido existir conflictos mucho antes de nuestro nacimiento que llevamos inconscientemente en nuestra memoria.

Me parece necesario profundizar en la noción de conflicto interno. En él se agrupan todas las situaciones que generan cólera y agresividad, pero a menudo olvidamos las tensiones internas que vivimos día a día, por ejemplo ante una insatisfacción profesional. Podemos encontrar un buen número de razones que causan dicha insatisfacción, pero cuando recapacitamos detenidamente, nos damos cuenta de que existe un conflicto interior. Pienso en ese tipo de personas que no están a gusto en su trabajo y a las que les gustaría montar su propio negocio pero que no lo hacen nunca. Indagando un poco, nos damos cuenta de que en realidad tienen miedo al éxito porque ello podría generar envidias entre los amigos o la familia. Existe un conflicto entre lo que desean y lo que piensan que los demás dirán.

De la misma manera, cuando una persona monta su empresa para después toparse con grandes problemas financieros, si profundizamos descubriremos un conflicto del mismo tipo que le impide tener éxito. Existen gran cantidad de ejemplos de este tipo sobre los conflictos internos.

Generalmente, cuando reina la insatisfacción en un aspecto de nuestra vida, podemos estar seguros de que nos encontramos ante un conflicto interno. Nos debatimos entre aquello que verdaderamente deseamos y las resistencias que nos lo impiden. Y siempre son estas últimas las que ganan salvo si nos proponemos encontrar la armonía interior.

Es por esto por lo que en la última parte de este libro encontrarás diversos temas con multitud de aspectos sobre los que trabajar.

Mientras estemos sumergidos en conflictos intrapsíquicos, no podremos ser felices.

La noción de karma y la limpieza de nuestras memorias

AQUELLO que está más allá del pensamiento no tiene nombre, es ENERGÍA sin causa.

Krishnamurti

La palabra *karma*, que significa 'ley de causa y efecto', tiene su origen en la India y en el budismo en particular. Teñida de cultura judeocristiana, le hemos dado una connotación errónea en la cual se culpa al individuo. La mayoría de las veces, cuando se nos dice «es el karma», entendemos que se trata de algo incontestable, es el destino, debemos pagar por nuestros errores y no hay nada más que podamos hacer. Sin embargo, el karma no funciona así.

Es necesario un contexto y ciertos parámetros para que una causa produzca un efecto. Para comprender bien la ley del karma, es necesario entender que se aplica a todo, no solamente a los humanos.

La naturaleza se inscribe dentro de una dinámica kármica, esto es, dentro de un orden. Si sembramos una semilla de limón, esta posee en esencia la capacidad de convertirse en limonero. Si la sembramos en un país del Mediterráneo, tendremos muchas posibilidades de que se convierta en limonero y dé frutos. Sin embargo, si la sembramos en una región o país del norte, el resultado será muy diferente. A las condiciones climáticas se unen el tipo de terreno y la orientación. En función de la tierra y de la exposición, una viña dará uno u otro tipo de uva. Si la importancia de estos parámetros en el resultado final nos parece evidente en lo que se refiere a la naturaleza, nos resulta menos familiar en lo relativo a nuestra vida. Nuestro karma responde igualmente a diversos parámetros.

Estamos lejos de la cerrada noción de inmovilidad que adjudicamos al karma. El karma lleva consigo la noción de responsabilidad. En lo que se refiere a nuestras vivencias, debemos reparar y observar todos aquellos parámetros aparentes pero también aquello que llevamos en esencia.

Para mí el Ho'oponopono reúne estas nociones y nos permite hacer el trabajo porque limpia nuestras memorias. Actuamos automáticamente sobre el plan kármico. Al limpiar nuestro presente, todo aquello que nos bloquea, generamos un karma (consecuencias) diferente. Cuanto más limpiamos, más aligeramos y más permitimos que surjan memorias más antiguas a la superficie que serán a su vez limpiadas. Al limpiar esas memorias, estamos limpiando nuestro pasado, y de ese modo nos damos la oportunidad de tener un futuro diferente.

El Ho'oponopono nos sitúa en el presente. Nunca hay que olvidar que todo sucede aquí y ahora. Nuestro presente es el resultado de nuestro pasado pero podemos en todo momento modificar el presente y en consecuencia cambiar el futuro. La fuerza del Ho'oponopono reside en conducirnos a ese momento presente que opera el cambio.

Quiero insistir en la importancia del momento presente. Nuestra percepción del tiempo, a causa de nuestro estado de conciencia ordinario, nos conduce a considerar únicamente el antes y el después, que traducimos en pasado y futuro, sin fijarnos en el presente. Sin embargo, toda persona que ha tenido experiencias que podríamos llamar de expansión de la consciencia, sobre todo a través de la meditación, sabe que el tiempo no existe tal y como lo percibimos. No hay ni comienzo ni fin. Es a ese espacio al que la conciencia del presente nos conduce. Es en ese espacio en el que podemos actuar y cambiar nuestros pensamientos y forma de hacer las cosas. Se habla mucho de vivir el momento presente pero en realidad no se sabe muy bien lo que ello implica. Vivir en el momento presente supone no perder nuestra energía en pensamientos que nos devuelven al pasado o nos proyectan a un futuro hipotético. Yendo más allá, vivir el momento presente nos ofrece la posibilidad de acceder de forma consciente a ese instante que permite el cambio. Esto se traduce en un trabajo sobre nuestros pensamientos, creencias y visión de la vida. El Ho'oponopono nos permite acceder a ese momento en concreto. En cuanto accedemos a ese instante en un estado diferente, el pasado se transforma, y evidentemente también el futuro.

¿Qué significa transformar el pasado?

Como bien es sabido, cuando algo ya ha pasado, no podemos volver a ello ni tampoco hacer que desaparezca. Sin embargo, sí podemos modificar las consecuencias. Eso está en nuestro poder en el momento presente.

Pondré como ejemplo a un hombre encarcelado por haber cometido robos a mano armada. Durante su estancia en prisión, se da cuenta del impacto de lo que hizo, de por qué llegó hasta ese extremo. A su salida de prisión, va al encuentro de jóvenes a los que habla de su experiencia y los ayuda a retomar el buen camino. Lo que lo ha transformado ha sido su actitud, su visión de la vida totalmente diferente de aquella que lo conducía a perpetrar actos maliciosos, y se ha servido de todo ello para ayudar a personas que pueden estar en el mismo tipo de situación que él vivió.

Este ejemplo me parece que ilustra muy bien que el karma no es una ley externa, implacable. Nuestra vida está llena de momentos presentes en los que sumergirnos para nuestra dicha y el bien de la humanidad en general.

Y ahora permíteme que comparta una pequeña anécdota personal de hace unos años. Soy budista y asistí a un seminario del maestro al que sigo en una de sus visitas a Francia. Estaba preocupada por un tema de pareja y solicité una entrevista con él para saber cuál era la razón kármica del problema. Admito que me esperaba que me hablara de una vida anterior en la cual habría hecho algo de lo que estaría pagando las consecuencias. Mi mente y mi ego estaban a pleno rendimiento, y este es el estado de ánimo en el que me hallaba cuando me encontré con él. El maestro escuchó mi problema y me hizo algunas preguntas, pero su respuesta no fue exactamente lo que me esperaba y me dejó clavada en el suelo. Me dijo: «Debes aprender la compasión». En un instante, aprendí lo que es el karma.

Nos solemos parar en la apariencia exterior, cuando es el estado interno lo que genera lo externo.

Eres mucho más que tu historia, mucho más que tus memorias

La Energía es lo Real, el Universo es Energía, la Energía es la Conciencia.

Arthur Avalon
Sir Woodroffe (Shakta-Vedanta)

Generalmente tendemos a negar aquello que nos molesta porque no nos gusta o porque nos devuelve una imagen degradante de nosotros mismos. Es lo que en psicología analítica se llama «la proyección de la sombra». Cuanto menos la queremos ver, más se muestra y se activa.

La clave es el amor hacia todo lo que existe. Cuando amamos algo, lo transformamos.

Cuanto más rechazamos y negamos una parte de nosotros, más fuerza toma, como pidiendo ser reconocida. Sin embargo, cuando es amada, reconocida, la vemos de otra manera. Nuestra visión, nuestros pensamientos se abren a nuevas posibilidades que llegan y permiten la transformación. Amarla significa aceptar que forma parte de nosotros, reconocer su existencia. En ese momento, esa parte se integra dentro de una dinámica. Aquello que estaba «enfermo» o que era invalidante, que nos hacía sufrir, puede sanarse.

A veces también podemos ser muy escépticos con el Ho'oponopono ya que queremos un mundo tal y como lo imaginamos. Si lo que queremos es la paz y pensamos que determinada situación o persona no van en ese sentido, automáticamente nos viene a la mente cambiar el exterior. Consideramos el mundo a través de nuestra mente. El Ho'oponopono nos ofrece la posibilidad de limpiar esas memorias que nos molestan. La limpieza parte de nosotros mismos y es difícil darse cuenta de que nosotros también somos portadores de las memorias que rechazamos en el otro. Y cuanto más nos molestan, más debemos limpiarlas. No es por tanto en la forma en lo que nos debemos centrar, sino en la emoción y el sentimiento que se generan en nosotros: es ahí donde el Ho'oponopono nos ofrece la oportunidad de limpiar.

Como ya he señalado anteriormente, el trabajo psicológico que podemos llevar a cabo ayuda considerablemente en nuestra evolución, en una mejor comprensión de nosotros mismos, pero en un momento dado llegamos a un límite. Este límite se sitúa en planos energéticos sutiles que no podemos alcanzar. Es entonces necesario emplear métodos energéticos y, en particular, espirituales. Utilizo el término *espiritual* en el sentido de un trabajo a niveles vibratorios muy altos que van más allá de nuestra voluntad y de nuestro espacio temporal. El Ho'oponopono permite ese acceso. La limpieza de nuestras memorias es una reconciliación con uno mismo, con nuestra parte más sagrada. Es una apertura al flujo de la vida, una reconciliación con el mundo.

Recuerda que tú eres el mundo, eres mucho más que tu propia historia.

Nuestros pensamientos son energía que podemos canalizar

Ya hemos visto la importancia del momento presente. La mayoría de nosotros dejamos que nuestros pensamientos y, en consecuencia, nuestras emociones se apoderen de nosotros. Nuestra atención se dispersa en múltiples temas que invaden nuestra mente y nos descargan de energía, ya que nutrir los pensamientos, sobre todo los negativos, nos consume una energía considerable. Nos cuesta concentrarnos y no distraernos por esto o aquello. Y esto no sucede únicamente con nuestros pensamientos, sino también con nuestras acciones cotidianas. Nos embarcamos en un sinfín de tareas y actividades que no llegamos a terminar, lo que genera frustración e insatisfacción. La dispersión enmascara a veces un malestar del que no queremos tomar conciencia.

A muchos les interesa el desarrollo personal, pero utilizan una técnica tras otra sin llegar a beneficiarse realmente de todo lo que podrían obtener. Es otra forma de dispersarse.

La consecuencia de esta actitud es que vivimos continuamente con un desgaste mental y emocional que no nos permite llevar a cabo multitud de proyectos. Se quedan en estado de deseo y no conseguimos alcanzar los objetivos que nos habíamos fijado.

Hemos de recordar que el exterior no es más que un reflejo del interior. Si nos focalizamos en algo y poco a poco pasamos a otra cosa sin darnos un respiro, la energía que hayamos invertido no habrá servido para nada. Es como un barco que navega sin capitán y según sople el viento. Para llegar a buen puerto, el capitán debe saber a dónde se dirige y, en función del objetivo, trazar una ruta y aprovechar los vientos favorables. En nuestro caso, nadamos a contracorriente. Queremos recolectar los frutos pero sin esfuerzo. Sin embargo, el compromiso es necesario para todo.

Otro aspecto en lo relativo a los pensamientos y la energía es que existe una ley que dice «allá adonde va el pensamiento, va la energía». El impacto de esto en nuestra vida es que percibimos los acontecimientos con el filtro de nuestras creencias y desde nuestro punto de vista. Una persona pesimista verá las cosas de manera negativa y esperará tener mil complicaciones. Y es precisamente eso lo que experimentará, porque al estar su atención puesta en lo negativo, no ve lo positivo y se priva de soluciones. Nada es todo blanco o todo negro, hay multitud de tonalidades grises. Cuanto más amplio sea nuestro campo de percepción y más cultivemos lo positivo, mejor gestionaremos los problemas y menos impacto nos causarán.

En consecuencia, si cultivamos una visión optimista de la vida, aumentaremos los acontecimientos positivos que se producirán. No es magia, ya estaban ahí; simplemente nuestra atención no estaba dirigida de tal manera que pudiéramos verlos.

Con el Ho'oponopono, percibimos la resonancia de las memorias en nosotros. Insisto una vez más en que no se trata de analizar determinada cuestión ni focalizarse en ella a nivel mental, sino de practicar. En la práctica, la persona que está en el punto de mira es uno mismo. Esto quiere decir que cuando practicamos Ho'oponopono con algo que nos afecta, algo cambiará en nosotros. Es el punto de partida del cambio. El Ho'oponopono nos permite igualmente limpiar aquellas memorias que restringen nuestra atención, y ello hará emerger una visión más optimista ya que las memorias irán desapareciendo poco a poco.

La práctica es sencilla y cada uno puede llevarla a cabo por sí solo.

Algunas personas me dicen que no logran centrarse en el problema y repetir las cuatro frases. Es por ello por lo que en este último capítulo antes de la práctica por temas propongo cuatro ejercicios para ayudarte a:

- Conectarte.
- Centrarte.

Estos ejercicios no te ayudarán solamente en lo que respecta a la práctica del Ho'oponopono; también te beneficiarán en tu día a día.

Primer ejercicio: conectarse a lo sagrado.

Imagina un hilo invisible que va desde tu coronilla o el centro de tu torso y se extiende hacia arriba muy lejos; imagina ese lugar como un punto. La conexión se hace una única vez, pues una vez establecida, una vez que notamos la presencia de ese punto, la conexión se mantiene. En ese momento puedes traer el problema a tu campo simplemente evocándolo con el pensamiento.

Segundo ejercicio: aprender a desarrollar la sensibilidad.

He mencionado anteriormente que siento las memorias de una manera muy sutil. El Ho'oponopono funciona sin necesidad de tener ese tipo de sensibilidad, pero esta se puede desarrollar, lo que nos ayudará a presentir cuándo debemos parar la práctica y cuándo debemos continuar.

Para ello, utilizaremos la naturaleza que se encuentra a nuestro alrededor. Aprenderemos a ser cada vez más sensibles al entorno que nos rodea. Cuando nos encontramos en un centro comercial, por ejemplo, el nivel de energía presente no es muy alto. Estate atento al ambiente energético que se desprende de un lugar como ese. A menudo lo percibimos como una sensación pesada, volvemos cansados.

Sin embargo, cuando nos encontramos en la naturaleza, el nivel energético es mucho más elevado y nos sentimos plenos, recargados. Cada lugar posee una energía diferente. La energía de la montaña no es la misma que a la orilla del mar. En el mar, los elementos dominantes son el agua y el aire. En la montaña, son sobre todo los elementos tierra y fuego los que están más activos. Cada vez que te encuentres en contacto con la naturaleza, toma la costumbre de prestar atención a cómo te sientes.

Cuando permanecemos al lado del agua, la energía es diferente dependiendo de si estamos en la playa, en un lago, en un río o ante una cascada.

De igual modo, en un parque existe una energía particular dependiendo del tipo de vegetación. Tómate tu tiempo y siéntate, cierra los ojos y deja venir las sensaciones. Ciertos pensamientos pueden emerger. Obsérvalos sin juzgarlos.

Al cabo de un tiempo, podrás sentir de qué manera todos estos lugares y ambientes son diferentes.

Tercer ejercicio: perfeccionar nuestra percepción.

Este ejercicio se asemeja bastante al precedente. Lo practicarás por la mañana al alba y por la tarde o noche con la puesta de sol.

Siéntate, cierra los ojos y percibe el ambiente exterior reinante. Escucha la naturaleza, siente los olores, escucha los sonidos lejanos que llegan hasta ti. No nos llegan de la misma manera por la mañana que por la noche, momento en el que la naturaleza se calla. Tampoco nos llegan de la misma forma en verano que en invierno o cuando llueve.

Tómate tu tiempo para practicar estos ejercicios. Perfeccionarán tu capacidad de percepción y verás que la práctica del Ho'oponopono será mucho más fácil y eficaz.

Cuarto ejercicio: promover la concentración y la calma.

Estas son las bases de la meditación.

Siéntate, asegurándote de que tu espalda esté recta, pero sin tensarte. Puedes hacerlo en una silla. No utilices música. Cierra los ojos y concéntrate en tu respiración.

Te darás cuenta de que multitud de pensamientos pasan por tu cabeza, es completamente normal. Cada vez que eso ocurra, vuelve a concentrarte tranquilamente en tu respiración. Continúa siguiendo el ritmo de tu respiración.

Este ejercicio de meditación debe practicarse cada día, solamente unos pocos minutos al principio, ya que si bien la teoría es sumamente fácil, en la práctica es mucho más difícil a causa de... nuestros pensamientos. Aumenta poco a poco el tiempo de meditación. Verás que irás teniendo cada vez menos pensamientos, serás capaz de mantener tu atención en la respiración durante más tiempo y, sobre todo, encontrarás la paz interior.

El Ho'oponopono en la práctica

El hombre es un secreto en el que hay que penetrar y aunque emplees en ello toda la vida, no digas por eso que has perdido el tiempo.

Dostoievski en una carta a su hermano Miguel, el 16 de agosto de 1839

Recordemos que:

- El Ho'oponopono permite limpiar memorias que se han convertido en pautas repetitivas.
- Las percibimos a través de nuestras experiencias, sentimientos y pensamientos.
- El proceso reposa en el hecho de buscar dentro de uno mismo aquello que es común con lo que se manifiesta en nuestro exterior.

Es preciso trabajar diversos espacios en función de la manera en la que vamos a percibir los problemas.

En esta parte, mi deseo es ofrecer una serie de campos en los que se puede utilizar el Ho'oponopono con el fin de limpiar un máximo de memorias. Para cada campo, mencionaré puntos concretos en los que podrás trabajar. Esta parte te guiará a establecer un plan eficaz. Puede servirte para inspirarte de manera general en lo relativo a tu vida o también puede servirte de manera puntual en un momento preciso.

Consejos sobre cómo proceder

Por cada ámbito abordado, propongo varias pistas a través de las cuales el problema puede entrar en resonancia contigo. Verás que varias veces propongo que te conectes con la emoción, el sentimiento o el estado en cuestión de manera intrínseca. ¿Por qué? Porque la emoción, el sentimiento y el estado poseen una vibración propia y no sabemos si es la situación que vivimos lo que genera esa emoción o si por el contrario existe una conexión independiente de esa emoción. Por ello es importante trabajar en ese sentido.

Antes de cada práctica: debes conectarte con la parte más elevada de tu ser, incluso si otra persona está implicada.

Las relaciones personales

Las memorias se manifiestan a menudo a través de conflictos.

Si tienes un conflicto o vives una situación desagradable con alguien, el primer aspecto sobre el que puedes actuar es la sensación, da igual la manera en la que esta se presente (cólera, miedo...). A continuación, puedes practicar sobre la situación de manera global (la forma en la que se manifiesta) o bien practicar sobre la relación entre cada una de las personas implicadas. Estos tres aspectos son las bases del trabajo con las relaciones personales. En función de lo que vayas sintiendo, de los pensamientos que vayan surgiendo y de los recuerdos que puedan aparecer, practicarás el Ho'oponopono con cada uno de ellos.

Cuando surge una dificultad, podemos limpiar en nosotros la parte concreta que tiene esa dificultad. Da igual si no podemos nombrar aquello que debe limpiarse. Estamos conectados con la expresión de esa vibración errónea y es su manifestación lo que percibimos. Poco importa la identidad de aquello que debe limpiarse, el caso es que será limpiado. Aprende a dejarte llevar y confía.

¿Qué sucede con la otra persona implicada en el problema?

Pongamos como ejemplo un problema de pareja. Practica primero el Ho'oponopono con todos los aspectos del problema. No le pidas a tu pareja que lo haga. Es posible que a él o ella no le interese este método. Trabaja a partir de tus emociones y sentimientos, de la situación, de todo lo que genera en ti. Este proceso puede llevar su tiempo, puedes practicar varias veces, no todo se soluciona de una sola vez. Lo que te permitirá ver que ciertas memorias se han soltado es que te sentirás liberado de la situación, la percibirás de manera diferente. Y no será desde un punto de vista mental.

Es muy probable que, llegados a este punto, tu pareja reconozca su parte de culpa.

Si él o ella desea practicar el Ho'oponopono por el mismo problema, que lo haga a partir de sus propias sensaciones. No olvides que, incluso siendo pareja, sois dos personas diferentes y cada uno debe practicar por separado.

Si no logras practicar el Ho'oponopono

Puede ocurrir que no puedas llevar a cabo la práctica porque la situación sea demasiado hostil. No olvides que no te diriges al otro sino a ti mismo, a tu esencia más profunda, a la memoria que reside en ti. Si aun así te sigue resultando imposible practicar, haz Ho'oponopono teniendo en mente que es la memoria de esa imposibilidad, ese bloqueo, lo que estás limpiando. Quizás esa memoria simplemente tiene ese modo de manifestarse.

No olvides que no tienes que cumplir ningún objetivo. En ningún momento se te pide, ante un conflicto con alguien, que llegues a una reconciliación. No adelantes acontecimientos. Trabaja con aquello que percibes o sientes del conflicto, lo que este genera en ti, pero sin juzgarte. No anticipes ningún resultado.

A nivel transgeneracional

En este campo suelo utilizar mucho el Ho'oponopono para liberar viejas memorias y pautas repetitivas.

El ámbito familiar es un vasto depósito de memorias que crean vínculos de los cuales no siempre somos conscientes. Es por ello por lo que un trabajo centrado en la familia y las generaciones anteriores es más que recomendable. Sin embargo, y a pesar del trabajo efectuado, será necesario volver a ciertos temas que aparecerán de manera un tanto diferente. La práctica en el campo familiar puede realizarse tras la práctica en una relación, ya que los conflictos relacionales a menudo tienen sus raíces en un antiguo problema generacional, pero también puede llevarse a cabo de forma independiente. Si se hace tras un problema de relaciones, trataremos cada aspecto que vaya surgiendo por separado. Por ejemplo, ante un problema de celos entre dos hermanos, trataremos los celos y lo que los cause (por ejemplo, el dinero), así como lo que emerja a continuación si tal es el caso (por ejemplo, un problema similar perteneciente a otra generación, un secreto de familia como un hijo secreto, etc.).

Si la práctica relativa a generaciones pasadas es independiente, se puede realizar de varias maneras:

- Conectándose con la línea materna.
- Conectándose con la línea paterna.
- Conectándose con un miembro de la familia con el que tenemos una relación particular (trabaja cada elemento que vaya apareciendo).
- Concentrándose en uno mismo y en la propia relación con el resto de la familia.
- Practicando sobre un aspecto en particular que sea recurrente en la familia (alcoholismo, abandono, dinero, herencias, valores familiares, etc.).

También se puede practicar con la propia descendencia. Busca el problema –no siempre es fácil de reconocer– y practica.

¿Qué hacer cuando alguien de nuestro entorno tiene dificultades? ¿Cómo practicar en ese caso?

Solemos tender a querer ayudar al otro, en especial rezando. Es comprensible pero el Ho'oponopono permite otro enfoque. No se trata de pedir algo en concreto para la persona amada sino de practicar sobre lo que su problema te genera a ti, incluso si estamos ante una enfermedad.

Ámbito profesional

En este campo, el problema puede ser de tipo relacional, en cuyo caso deberás practicar con la persona o personas en cuestión. Esto no quiere decir que ellas deban estar presentes, sino que utilizarás el método como he explicado anteriormente para las relaciones personales, pero incluyendo una práctica relativa al sentimiento dominante (cólera, complejo de inferioridad, etc.) que englobará la situación de manera general.

El problema también puede ser de tipo laboral. Conéctate mentalmente con el tema y practica. En este caso, no siempre se conocen todos los elementos ni a todos los protagonistas, pero tratar el asunto de forma general permite hacer desaparecer memorias y promover una energía diferente. Tampoco hay que olvidar trabajar con los sentimientos que el asunto te provoca.

Dentro de ese mismo ámbito profesional, el problema puede estar vinculado a una situación como la falta de empleo o de dinero. Trabaja con el sentimiento relacionado.

A menudo me he dado cuenta de que cuando se parte del punto central de un problema, todas las ramificaciones importantes emergen en forma de ideas. No pierdas tiempo en decirte que es porque esto o lo otro ha sucedido por lo que... No es el objetivo. Acoge simplemente la idea o recuerdo emergente y practica.

Las creencias

Nuestra vida se basa en nuestras creencias, es algo que podemos verificar con cualquier experiencia. Poder identificar nuestras creencias nos permite acceder a su limpieza.

Las creencias crean un filtro (como si fueran gafas teñidas de un color) a través del cual vemos nuestras experiencias. Obtenemos percepciones que confirmarán nuestras creencias y en consecuencia las reforzarán, pero es en realidad nuestra mente la que lleva la voz cantante, siendo una especie de interferencia entre nosotros y lo Divino.

Piensa en los problemas sobre los cuales deseas practicar el Ho'oponopono y haz una lista. Busca y observa las creencias que los acompañan y practica con esas creencias.

El dinero

He aquí un tema que comporta numerosas memorias. Existen muchas maneras de practicar en relación con el dinero.

Al igual que con otros aspectos, cuando existe un bloqueo de tipo económico es porque hay una memoria activada que no permite hacer circular la energía.

- **Falta de dinero:** los temas en los que hay que centrarse son la falta en sí, las razones aparentes y la manera en la que se vive la situación.
- **Creencias en torno al dinero:** identifica todas las creencias relativas a este tema y escríbelas. Haz lo mismo con las creencias de tu familia y la manera de ganarlo. Puede que algunas sean idénticas a las tuyas. Practica el Ho'oponopono con todas las ideas que vengan, incluso si parecen absurdas.
- **Problemas de herencias:** el tema es por supuesto el dinero, pero también las relaciones personales y de generaciones pasadas.
- **Nos deben dinero:** sea cual sea la situación, los temas a tratar serán el dinero, los sentimientos

y las relaciones personales o incluso de ámbito profesional.

- **Percepción del dinero:** se trata aquí de ser honestos con nosotros mismos y escribir sobre cómo percibimos a las personas que tienen más dinero que nosotros y aquellas otras que son inmensamente ricas, y a continuación trabajar con los pensamientos y sentimientos que emergen.
- **Situación bloqueada por causa económica:** la situación en sí, un asunto temporal, las relaciones ligadas a la situación, el dinero y nuestra relación con él y, si es el caso, las generaciones pasadas.
- **Deudas:** practica contigo mismo y con tu responsabilidad en cuanto a la situación, la situación en sí, la causa de la deuda, el asunto de trabajo, las relaciones personales y todo elemento que vaya surgiendo sin olvidar los sentimientos que la deuda provoca (cólera, culpa, vergüenza, etc.).

El dinero es una energía que puede ser tanto positiva como negativa pero que es neutra en sí misma. Cierto es que cuando no nos falta, la vida es más fácil. Sin embargo, la relación que cada uno tiene con el dinero es singular y refleja enlaces complejos con nosotros mismos y con nuestra familia.

Las tensiones y contradicciones en lo relativo al dinero son múltiples. En este capítulo te invito a reflexionar sobre estos aspectos: el dinero, la riqueza, la prosperidad y la abundancia (que son diferentes dependiendo de la persona y a los que cada uno presta sus propios valores, creencias y símbolos) y la limpieza de memorias asociadas.

Existe una diferencia entre riqueza y prosperidad. La riqueza tiene un sentido de acumulación y conlleva satisfacción de deseos, enmascarando a menudo una carencia y un miedo profundo a la inseguridad. La prosperidad es movimiento. Se puede ser próspero sin tener mucho dinero y se puede tener mucho dinero pero vivir con el miedo a perderlo.

Una de las creencias más generalizadas con respecto al dinero es su escasez, el hecho de que no hay para todo el mundo. Esta idea que implica miedo y moderación reposa sobre argumentos económicos. Se inscribe dentro de una lógica de conflicto, de «guerra» en la que cada cual debe luchar para obtener un sitio.

La prosperidad es fluidez, movimiento. Reposa sobre el reconocimiento de valores humanos y en términos de recursos. Implica alegría, abundancia, la aspiración a ser feliz. La prosperidad depende de nuestro estado de ánimo. Va acompañada de apertura, confianza, fluidez y agradecimiento. La escasez, el miedo, la cerrazón, los sentimientos negativos y la moderación son contrarios a la prosperidad.

Una serie de preguntas te ayudará a clarificar tu relación con el dinero, la prosperidad y la riqueza:

- Si ganaras a la lotería, ¿qué harías?
- Si es tu mejor amigo el que gana o alguien de tu familia, ¿cuál sería tu reacción?
- Si un familiar o conocido te dejara una enorme suma de dinero, ¿cuál sería tu reacción y qué harías con ella?
- ¿Es vergonzoso ser rico?
- ¿Piensas que existe un límite de riqueza?
- ¿Piensas que la riqueza es a menudo el fruto de malversaciones?
- ¿Piensas que podrías ser rico?
- Si fueras rico, ¿cómo reaccionarían tus familiares y amigos más próximos? ¿Tendrías miedo de su reacción?

A partir de las diferentes respuestas a cada pregunta, puedes identificar tus creencias y trabajar con las memorias asociadas al dinero y la prosperidad.

Practicar el Ho'oponopono te permitirá adquirir fluidez en el tema de la prosperidad económica.

Situaciones de dependencia

Las situaciones de dependencia corresponden a memorias o programas, suelen perdurar en el tiempo y generan ansiedad.

Liberarse de una dependencia es posible. Requiere acompañamiento especializado y el Ho'oponopono nos puede ayudar a limpiar la raíz.

Los elementos que debes tener en cuenta durante la práctica son los siguientes:

- Tu persona y la dependencia, cualquiera que esta sea.
- El grado de dependencia.
- La vergüenza que la dependencia te provoca.
- Las complicaciones que se han podido derivar de dicha dependencia (haciendo hincapié en cada una de ellas).
- Las personas de la familia que han sufrido o siguen sufriendo la misma dependencia.
- La situación que recuerdes que ha favorecido la dependencia.

Puedes practicar tanto si aún tienes la dependencia como si no, con el fin en este caso de liberarte de la raíz del problema y perdonar todo lo que haya que perdonar.

Acontecimientos futuros

Si te inquieta una situación o acontecimiento próximos, también puedes practicar el Ho'oponopono.

Deberás tener en cuenta los siguientes elementos:

- La aprensión de manera intrínseca. Es posible que otros momentos salgan a la superficie: límpialos igualmente.
- El objeto de inquietud (un examen, una cita, etc.). Si surgen recuerdos, límpialos también.
- Todos los pensamientos y emociones asociados. Repasa todo lo que se presente, incluso si parece ridículo.

Emociones y sentimientos

El Ho'oponopono es especialmente útil para trabajar las emociones, ya sean las experimentadas en el momento presente, las que están ligadas a un acontecimiento pasado o aquellas que surgen cuando nos proyectamos hacia el futuro.

El tema emocional es un campo vasto que crea toxinas tanto físicas como mentales sin que nos demos cuenta de ello.

Algunas personas quieren erradicar sus emociones. Esto no es posible ya que la emoción es uno de los factores internos que nos permiten adaptarnos a un acontecimiento externo. Por el contrario, lo que es nefasto es su impacto, porque conlleva pensamientos, creencias y costumbres. A veces, por razones independientes de nuestra voluntad, nos sentimos más inclinados hacia una emoción o sentimiento en particular. Muchos parámetros entran en juego. El Ho'oponopono purifica la raíz espiritual de esas emociones y sus ramificaciones.

Antes de trabajar las emociones, hay que aprender a reconocerlas y aceptarlas.

La cólera: trabaja con el estado emocional, la situación que provoca esta emoción y las personas implicadas en dicha situación. A la limpieza de la cólera se pueden añadir sentimientos de injusticia, impotencia e incluso tristeza. A veces entramos fácilmente en cólera. Si eres consciente de que funcionas de esa manera, practica el Ho'oponopono relacionado con la cólera en sí. Es posible que aparezcan pensamientos o recuerdos de determinadas situaciones. Continúa practicando.

En ocasiones se requiere tiempo para limpiar este aspecto. Practica con asiduidad y observa cómo te sientes o reaccionas ante situaciones en las que antes te hubieras dejado invadir por la cólera fácilmente.

El miedo: practica con el estado emocional, la situación que genera el miedo y las personas implicadas. En tu trabajo sobre el miedo, incluye el sentimiento de impotencia, y en algunos casos también la cólera. Trabajar el miedo requiere paciencia. Hacer desaparecer las diferentes memorias relacionadas con las situaciones que crean miedo puede llevar su tiempo. Tómate el que haga falta para practicar con cada imagen y pensamiento que vaya surgiendo. Recuerda que empezamos a hacer Ho'oponopono con algo en concreto y que es como ir tirando de un hilo: todo aquello que está relacionado, incluso si no nos parece evidente, surge. No te preguntes por qué está relacionado, simplemente continúa practicando.

La culpa: trabajar con la culpa requiere fijarse en la situación que la genera, pero sobre todo las personas que la provocan. La culpa es ante todo un trabajo con las relaciones personales. Tiene que ver con la falsa percepción de las relaciones interpersonales. La culpa es el reflejo de una relación tóxica con alguien en una situación en concreto. Manifiesta que existe algo que no está en equilibrio dentro de la relación. El Ho'oponopono quizás haga aparecer aquí una falta de confianza en uno mismo o una dificultad para tomar decisiones. Practica con todos los puntos que se presenten, y también con todas las situaciones pasadas en las que te hayas sentido culpable. Este proceso te permitirá limpiar ciertos mecanismos relacionales de los que tomarás conciencia. Dichos mecanismos no son siempre identificables y se manifiestan en forma de recuerdos. Haz Ho'oponopono para cada recuerdo que surja. No intentes intelectualizar. Incluso si no sientes culpa ante los pensamientos o recuerdos que se presenten, practica y confía.

El juicio: otro aspecto que clasifico dentro del trabajo de las emociones es nuestro juicio a los demás. Estos juicios o críticas, fruto de nuestras proyecciones, provocan diversas emociones, como ira o aversión. Son energías negativas que destruyen nuestro propio campo energético y pesan sobre nuestras relaciones. Haz una lista de las personas que te caen mal y practica:

- La emoción que te provoca, la situación que ha podido generar dicha emoción y la relación con la persona en cuestión. Si es posible, practica también en lo referente a ti y lo que le reprochas a esa persona.
- La duda. Es un estado en el que todos nos hemos encontrado en algún momento u otro. Ciertas personas tienen más tendencia que otras a vivir

en un estado de duda. Esto genera ansiedad y dificultades para comprometerse. Es como si prefirieran permanecer en la inacción para no equivocarse. Esta elección implica una renuncia. Si te identificas con este estado, puedes trabajarlo con el Ho'oponopono conectándote con la situación o con la duda en sí misma.

La práctica del Ho'oponopono con las emociones lleva su tiempo. Seguramente lo dejarás y volverás varias veces. No te desanimes, es normal.

El pasado

La práctica del Ho'oponopono nos permite limpiar desde la raíz muchos programas que han llevado a nuestras vidas acontecimientos dolorosos y traumas. Incluso si hacemos un trabajo de desprogramación celular o utilizamos una técnica EFT,* es recomendable terminar con el Ho'oponopono ya que permite llegar a otros niveles en términos de espiritualidad.

Conéctate con lo que sientes, ya sean acontecimientos, emociones o relaciones entre las personas implicadas. Puedes trabajar de forma global o con algo

* *Emotional Freedom Techniques*: técnicas de liberación emocional (N. de la T.).

en particular, todo depende del acontecimiento y de cómo cada uno lo sienta. En estos casos, cuando ya ha habido un trabajo previo, el trabajo de limpieza del Ho'oponopono es generalmente bastante rápido. Notamos enseguida la conexión con la memoria y la liberación final. Lo que te permitirá ver que ha habido una liberación es sobre todo que ya no tendrás miedo a que se vuelva a reproducir, es como si algo hubiera desaparecido para siempre.

La violencia

Aunque forma parte de las emociones, dedico un apartado a la violencia porque comporta numerosos aspectos sobre los cuales el Ho'oponopono puede aportar una curación. Abordaré este tema desde dos ángulos distintos: ser víctima de violencia y la violencia que engendramos.

1 – *Ser víctima de violencia*

En este caso la práctica se hará más bien con relación a la situación vivida, los diferentes aspectos que la han constituido, las emociones y sentimientos vividos y las personas que han formado parte de ella.

En segundo lugar, cuando todo lo mencionado se haya pacificado, puedes abordar el estado de violencia en sí. Cuando hablo del estado de violencia en sí, me refiero a que el trabajo se hace directamente con relación a la vibración de violencia (su arquetipo).

2 – La violencia que engendramos

Lo primero de todo es reconocerla, admitir su presencia, y trabajarla de manera general. De este modo verás lo que va emergiendo poco a poco e irás practicando con cada nuevo aspecto. Si encuentras resistencia, trabaja primero dicha resistencia. Es normal sentirse culpable ante este tipo de violencia; practica Ho'oponopono en lo relativo a dicha culpabilidad. Es necesario ir limpiando todo aquello que se vaya presentando.

Más adelante, puedes practicar con las situaciones en las que te pones violento, ya sea violencia verbal, física o únicamente de pensamiento. En este caso, pueden emerger recuerdos; ocúpate también de ellos. Habrá quien desemboque en un trabajo sobre violencia sufrida y emociones ligadas (impotencia, cólera, miedo). Cuando sientas que has avanzado lo suficiente, es importante incluir en la práctica la violencia en estado puro, su esencia.

Autoestima y confianza en uno mismo

Tanto la autoestima como la confianza en uno mismo forman parte de un tema vasto que incluye múltiples aspectos. Cada persona vive la falta de confianza de manera diferente. Si sientes que cada elemento que va surgiendo debe ser tratado por separado y está relacionado a menudo con situaciones en las que no te han respetado o te has sentido rechazado, te propongo algunas pistas que pueden ayudarte a avanzar.

La autoestima y la confianza en uno mismo se construyen a raíz de situaciones externas que hemos vivido y que nos han dejado un sentimiento sólido sobre el cual nos podemos apoyar. Esto da lugar a recursos positivos que hemos adquirido y sobre los que nos basamos en nuestro día a día. Todos disponemos de dichos recursos, incluso aunque no seamos conscientes. Es lo que nos permite tener capacidad de resiliencia (y de adaptación).

También puedes practicar directamente con el sentimiento general de falta de confianza en ti mismo, así como con todo tipo de sentimientos relacionados, como la falta de eficacia, la ineptitud, el miedo al fracaso, a no estar a la altura o a no ser capaz, el sentimiento de imposibilidad, etc.

Si recuerdas situaciones en las cuales te has sentido especialmente falto de confianza o fracasado, practica el

Ho'oponopono a partir de ahí. Puede también darse el caso de que te sientas inferior a alguien, como puede ser un hermano o hermana o un amigo al que le va mejor que a ti. No dudes en practicar también con eso.

Ho'oponopono para el final de la vida

La práctica aquí es útil tanto para la persona que va a dejarnos como para la familia. Tener a un ser querido cuyo fallecimiento se acerca no es nada fácil y poder acompañarlo en ese camino es un regalo.

Devolvemos a la Vida aquello que se nos ha dado. Todos hemos sido acogidos en esta tierra cuando nacimos; por tanto, todos deberíamos estar acompañados cuando nos vamos. El nacimiento y la muerte son las dos puertas de nuestra Vida. Hagamos que el paso por cada una de ellas se haga dentro del respeto, el amor y la serenidad.

En este momento tan importante, existen varios elementos en juego. Basándome en los casos con los que me he encontrado dentro de mi práctica profesional, sobre todo en acompañamientos de duelo, estoy convencida de que ese momento es sumamente importante para todas las personas a las que la situación concierne. Esto implica a la vez el plano emocional y el espiritual. Cuando evoco el plano espiritual, quiero recordar y enfatizar que es en el sentido de planos sutiles y que cada uno es libre de aportar su propia convicción. El Ho'oponopono no pertenece a ningún dogma o creencia religiosa y puede practicarse independientemente de la creencia o posición espiritual de cada uno.

Siempre es mejor que quien se va lo haga en paz y habiendo resuelto todo tipo de disputa o desavenencia, ya se trate de conflictos con otras personas o incluso consigo mismo. Me refiero a todos los conflictos familiares pero también a toda aquella situación que haya generado culpabilidad o por la que la persona no se haya perdonado. La práctica del Ho'oponopono la ayudará a hacer desaparecer las ataduras que existan, ya sea a nivel de emociones, de sentimientos o de relaciones. En este espacio, la vibración ligada a la atadura personal o material será muy importante para la práctica.

En cuanto al entorno de la persona, la familia o amigos, en el que el sentimiento de pena es totalmente lícito, el Ho'oponopono puede ayudar a no dejarse llevar demasiado por las emociones. También será útil fijarse en todos los sentimientos que puedan interferir, como por ejemplo la sensación de injusticia, y practicar con cada uno de ellos.

Si te encuentras con que tus padres comienzan a tener cierta edad y te resulta difícil ver cómo van perdiendo sus capacidades, la práctica del Ho'oponopono te puede servir. Muchas personas que viven este tipo de situación reaccionan cortando o modificando la relación de una u otra manera para evitar sufrir. Es algo comprensible, cada uno hace lo que puede para afrontar el sufrimiento. Sin embargo, te aconsejo que seas lo más consciente posible. En efecto, si eres consciente de que te resulta demasiado doloroso, demasiado difícil de hacer frente, es más fácil de gestionar que huir inventando mil excusas. Esto lo único que provoca es que acumulemos y guardemos todo el sufrimiento y la culpabilidad, que no harán más que salir más tarde de manera aún más dolorosa si cabe. Ser consciente tampoco te obliga a ir a ver a la persona o decir aquello que no eres capaz de decir, pero te permite reconocer tu propio sufrimiento y sus límites. Puedes trabajar a partir de ese punto y a menudo habrá cuestiones que se resuelvan que te permitirán ver el problema de otra manera. No dudes en dejarte acompañar por un profesional si lo necesitas.

Puedes practicar el Ho'oponopono por la dificultad frente a la situación, por el sentimiento de culpa o por la pena. Añade una limpieza específica relacionada con la vibración de la separación y la atadura, incluso antes de que la persona se vaya.

El Ho'oponopono y el duelo

Este proceso es casi idéntico al anterior. Lo primero de todo, recuerda que es normal sentir pena y mostrarla. Sin embargo, cuando se alarga en el tiempo, significa que hay algo que no está resuelto. Este aspecto en general forma parte de lo que podemos considerar un trastorno de apego. No dudes en practicar el Ho'oponopono por la pena que sientes y por echar de menos a la persona. La práctica te ayudará a liberarte de todo ello sin dificultad. Pueden ser muchas las razones ligadas a ese sufrimiento. No busques cuál es la causa, simplemente practica a partir del sentimiento que experimentes, y la práctica y el tiempo se encargarán del resto. El trabajo puede incluir sentimientos y emociones pero también estar relacionado con el plano material. Me refiero por ejemplo a una casa de la que no logras deshacerte tras un fallecimiento, siempre y cuando hablemos de un plazo razonable.

He utilizado a menudo el Ho'oponopono en sesiones de trabajo del duelo, sobre todo con personas que se han suicidado, no solamente para la relación en sí y el apego sino también por la culpabilidad que puede aparecer y mantener un lazo tóxico.

Hablemos ahora del duelo por la pérdida de un hijo, aunque en este caso utilizar el término *duelo* me moleste. Si, aunque doloroso, es normal perder a los padres, perder a un hijo no se sitúa dentro de un orden lógico. Desde mi modo de ver es la experiencia más difícil a la que un ser humano puede enfrentarse. He tenido la ocasión de acompañar a padres que han perdido hijos, de todas las edades, y cada sesión me ha aportado muchísimo y de diferentes maneras.

Desde estas páginas desearía agradecer la confianza que han depositado en mí estos padres al venir a verme y compartir un momento de sus vidas con el propósito de encontrarle de nuevo sentido a la existencia y seguir adelante. Y también querría dar gracias por todo lo que cada ser que se encarnó y se fue me ha transmitido a lo largo del acompañamiento de sus padres.

Siempre he tenido la delicadeza de preguntar a quien acude a mí si tiene convicciones espirituales para poder acompañarlo en ese sentido si tal es el caso. He vivido momentos realmente inolvidables, y a menudo gracias a esos momentos los padres han podido calmar un poco su pena, sobre todo en experiencias que han tenido lugar en situaciones de coma. Estando abierta como estoy a todo lo espiritual, nunca he puesto en duda lo que me narraban ni tampoco lo he atribuido al aturdimiento causado por el dolor, sobre todo porque he tenido la suerte de sentir la presencia luminosa de algunos seres desaparecidos durante las sesiones.

No he tenido la oportunidad de practicar el Ho'oponopono en estas circunstancias, pero pienso que puede aportar serenidad. Comoquiera que sea, si conoces a alguien en esta situación, practica según lo que sientas en tu interior, sin buscar más allá.

La utilización del Ho'oponopono dentro de un marco terapéutico

Existen dos maneras de proceder dentro de un marco terapéutico.

La primera consiste en hacerlo mentalmente. No hace falta decirle al paciente que lo estamos haciendo. Simplemente integramos el hecho de que conocemos su situación y asumimos la responsabilidad. Quiero dejar claro lo siguiente: no tienes la obligación de obtener un resultado en concreto, déjate llevar. La responsabilidad no implica querer aliviar, sino practicar con lo que la situación te provoca, incluso sin ser consciente.

La segunda consiste en proponerle al paciente que lo hagáis juntos. En algunos casos será posible mientras que en otros la persona implicada no estará abierta a este tipo de práctica. El respeto se impone ante todo y saber evaluar a quién se lo podemos proponer es importante, así como la manera de hacerlo. Generalmente, yo lo utilizo al final de una sesión de EFT cuando practico estas técnicas con pacientes. Siempre ha sido bien aceptado y ha tenido gran impacto.

Ho'oponopono como una meditación

Cuando salgas a pasear, utiliza el Ho'oponopono como una meditación. Elige algo, lo que sea, por lo que quieras practicar y empieza. Puede ser corto o largo. Ve acogiendo lo que vaya surgiendo conforme practiques. Cuando termines el paseo, te sentirás «limpio» y tranquilo. Habrás olvidado tus preocupaciones, dispondrás de energía renovada y verás que cuando vuelvas a pensar en tus problemas, estos estarán mucho menos presentes, habrán perdido importancia.

La segunda manera de utilizar el Ho'oponopono como meditación consiste simplemente en repetir las frases como un mantra, sin enfocarse en un tema en particular. Verás que no solo te sientes más sereno mentalmente sino que tu concentración aumentará y tendrás más energía para afrontar un nuevo día.

Ho'oponopono para una casa

En este caso me refiero a una práctica puramente energética.

¿Cuándo podemos utilizarlo para una casa?

- Cuando nos acabamos de mudar. Las casas conservan lo que se conoce como «memoria de las paredes». Se trata de emociones y sentimientos de antiguos ocupantes que se impregnan de manera sutil, sin que se trate necesariamente de dramas que hayan tenido lugar. La elección del sitio donde vamos a vivir no se hace al azar. En general el lugar nos gusta, nos hace sentir bien. En ese sentido, las memorias que ahí se encuentran nos conciernen a un determinado nivel. El Ho'oponopono nos permite limpiar esas memorias y su resonancia con nosotros.

Quiero mencionar el ejemplo de una persona que acababa de comprar una casa y que estaba entusiasmada con la compra, pues la vivienda correspondía desde todo punto de vista a lo que ella deseaba; sin embargo, no lograba imaginar los colores con los que pintaría cada habitación y sentía todavía la energía de los antiguos propietarios. Tras la práctica del Ho'oponopono la energía de la casa se aligeró rápidamente y se puso en consonancia con la suya. Fue entonces cuando empezó a visualizar los colores con los que la pintaría.

- Cuando no nos mudamos pero deseamos ponernos en armonía con nuestra casa. Con el paso del tiempo vamos evolucionando. Nuestro hogar conserva nuestra energía y es recomendable que su nivel vibratorio esté equilibrado con el nuestro. Esto es especialmente importante si pasas consulta en tu casa.

Para hacer Ho'oponopono en tu casa, conéctate con el lugar y empieza a practicar. Verás que enseguida sentirás una energía diferente. También puedes encender una vela. Puedes practicar en cada una de las estancias por separado.

Ho'oponopono para el medioambiente

Las causas que dañan el medioambiente son múltiples y variadas y tenemos la posibilidad de practicar Ho'oponopono en relación con todo eso, ya sea la contaminación de los mares o una catástrofe nuclear. Quizás vivir la época que nos ha tocado vivir, con todo este tipo de problemas, no sea puro azar para todos los que tenemos la posibilidad de utilizar herramientas como el Ho'oponopono.

Ho'oponopono nada más levantarse

Como si se tratara de una meditación, puedes dedicar unos minutos cada día a practicar el Ho'oponopono. Lo puedes hacer si has pasado por ejemplo una mala noche, si te despiertas de mal humor o si estás nervioso por algo que debes hacer. Constatarás que después de practicarlo te sentirás con mucha más confianza.

Ho'oponopono al acostarse

Irse a dormir con la mente tranquila favorece una noche de profundo reposo. Rememora tu día y todo lo que ha podido causarte preocupaciones. Practica Ho'oponopono. No limpiarás únicamente esas memorias sino que además te dormirás favoreciendo el contacto con la parte más elevada de tu ser.

Si tienes un problema recurrente, conéctate a él justo antes de dormir mientras haces Ho'oponopono. Poco a poco irás notando que el problema se atenúa y aparecen soluciones.

Ho'oponopono para los animales

También se puede utilizar con los animales. Una persona de mi entorno acababa de adquirir un segundo gato. Este era un tanto salvaje y encontraba todos los medios para salir e irse al jardín del vecino, donde hacía sus necesidades y también fechorías como hacer agujeros. Rápidamente, los problemas con los vecinos llegaron a tal punto que estos amenazaron con envenenar al gato. Los dueños lo encerraron, pero el animal no paraba de llorar. El dueño habló del tema con mi marido y juntos practicaron Ho'oponopono. El problema cesó a partir del día siguiente. Ahora el gato sale y se pasea por el jardín del vecino sin problemas.

El rezo que cura

Este rezo era el utilizado por Morrnah Simeona, sanadora hawaiana que enseñó el Ho'oponopono al doctor Hew Len. Sus palabras me emocionan profundamente y encuentro que este rezo completa y precisa la esencia del Ho'oponopono.

Creador Divino, Padre, Madre e Hijo que solo formáis uno, si yo, mi familia, mis allegados o mis ancestros te hemos ofendido a ti o a tu familia, allegados o ancestros con pensamientos, palabras o actos desde el inicio de la creación hasta nuestros días, imploramos tu perdón. Que todo ello sea limpiado, purificado y liberado. Que todo bloqueo, memoria, energía y vibración negativa sea erradicado. Que toda energía no deseada se transforme en luz pura.*

* Cita extraída del libro *Zéro limite* de J. Vitale y I. Hew Len, Le Dauphin blanc. Publicada en castellano por ediciones Obelisco con el título *Cero límites*.

Cultivar la gratitud

El Ho'oponopono es una herramienta formidable para trabajar todas las memorias y pautas repetitivas que envenenan nuestra vida. Nos ayuda a abrir el corazón y dejarnos llevar. A veces percibimos los efectos rápidamente y otras veces el proceso es más largo... o más sutil.

También me gustaría señalar que las cuatro frases que se emplean en la práctica nos dan acceso a la gratitud.

La gratitud es la herramienta más poderosa que existe para el cambio. En tu vida hay necesariamente algo, por ínfimo que sea, por lo que puedes estar agradecido. Practicar la gratitud nos provoca emociones positivas que generan reacciones neuroquímicas favorables al bienestar. Cuanto más las cultivemos, más aumentarán y dominarán todo lo negativo. Podemos elegir entre ver el vaso medio lleno o medio vacío. Al principio hay que acostumbrarse, pero con la práctica resulta cada vez más fácil y nuestra manera de ver la vida cambia. Cualquiera que sea el acontecimiento, al ser nuestra visión diferente, perderá importancia y su impacto será por tanto menor.

Sepamos maravillarnos y dar gracias al Universo, mostrar gratitud por todo aquello que tenemos y todo aquello que aporta belleza a nuestra vida. Cuando agradecemos, nuestra vida nos parece más liviana y dejamos de focalizarnos en aquello que va mal.

Sepamos decir, mientras caminamos bajo el cielo azul con la mente en calma: «Gracias, te amo».

Sepamos decir, cuando la naturaleza estalla en mil colores y perfumes: «Gracias, te amo».

Sepamos decir, cuando las dificultades se resuelven o nos dan una buena noticia: «Gracias, te amo».

Sin olvidarnos tampoco de nuestra propia vida, digamos también: «Gracias, te amo».

Mostrar gratitud nos permite llenar nuestra vida de luz. Y lo necesitamos tanto... Focalizarnos en todo lo positivo que hay en nuestra vida no significa negar aquello que va mal, sino darnos la oportunidad de no pararnos ante el árbol que no nos deja ver el bosque. La gratitud es el principio del camino hacia la Felicidad.

Para terminar

Mi relación con la naturaleza ha sido muy estrecha desde mi infancia. De carácter más bien reservado, era capaz de sentir la energía que emanaba de un lugar. Por supuesto que en aquel entonces no podía explicarlo en estos términos, pero mi sensibilidad y mi relación con todo lo invisible estaban ya presentes. Pertenezco a una familia de *curanderos** y mi padre me transmitió la pasión por las plantas desde muy temprano. Toda esta sabiduría se hizo más profunda hacia el fin de mi adolescencia gracias a las enseñanzas del yoga. También he tenido la suerte de frecuentar gentes de culturas indígenas y tener así acceso a esa sabiduría que yo llamo la Sabiduría del Mundo. Apasionada de la danza, dispongo de una experiencia de varias décadas en múltiples disciplinas que también me ha permitido

* En español en el original (N. de la T.).

acceder a la Sabiduría del Mundo. Gracias a mi curiosidad, mi sed de aprender y mi capacidad de análisis he podido comprender que, cualquiera que sea la cultura, todos hablamos de lo mismo, de diferentes maneras, en términos diferentes, con símbolos diferentes, pero la esencia es la misma.

Vivimos truncados, separados del Universo y de nosotros mismos. Utilizamos técnicas, herramientas externas de las que esperamos la resolución de nuestros problemas. Estas técnicas nos permiten conectarnos con nuestra esencia. Debemos elegir con cuál sentimos más afinidad, o quizás es la técnica la que viene a nosotros cuando estamos listos... Pero este camino –porque para mí se trata verdaderamente de un camino interior– se mantiene a lo largo de toda nuestra vida en la búsqueda de sentido, la búsqueda de uno mismo. Como muchos, he creído a menudo que ya lo había solucionado todo, que había llegado al final. Afortunadamente no es así. Cierto es que he aclarado y transformado muchos bloqueos, le he encontrado sentido a mi historia, pero todavía me queda mucho camino por delante y así será hasta el final de mi vida y la de cada uno. Si bien es cierto que generalmente al principio acudimos a las terapias porque estamos sufriendo, llegado un momento, cuando la transformación es ya lo suficientemente profunda, continuamos nuestro camino investigando al servicio de nuestra Vida. Este camino lo continúo hoy, y para mí una de las etapas consiste en transmitir la Sabiduría del

Mundo a través de mis libros, talleres y acompañamientos personalizados.

Mantenerse en contacto con esta sabiduría y todo lo que ella implica, ser los guardianes, los garantes, es desde mi punto de vista el deber de la Humanidad, de cada uno de nosotros. No hay nada mágico ni paranormal en ello, simplemente se trata de conocer el universo y conocernos a nosotros mismos. Todo está en nosotros pero estamos contaminados por nuestras emociones negativas y limitados por nuestras propias creencias, por todas esas memorias todavía activas y contaminantes que nos impiden ver la luz.

Unir los dos polos de nuestra personalidad, que son lo material y lo espiritual, pasa inevitablemente por el corazón. Simbólicamente, es el lugar de traspaso de energía entre la parte alta y la parte baja del cuerpo. No podemos darle más prioridad a una que a otra. Lo espiritual debe impregnar lo material y ambos deben unirse para impulsar el equilibrio; es entonces cuando tu saber interno se convertirá en éxito externo.

Para conocer mis actividades, talleres y conferencias en Francia y en el extranjero, te espero en mi página web:

www.laurenceluye-tanet.com

Bibliografía

Balsekar, Ramesh, *Habla la consciencia*, Editorial Kairós, 2008.

Brosse, Thérèse, *Conciencia-Energía: estructura del hombre y del universo*, Taurus, 1981.

Garnier Malet, Lucile y Jean-Pierre, *Cambia tu futuro por las aperturas temporales*, Reconocerse, 2009.

Kahili King, Serge, *Huna, el secreto hawaiano*, Urano, 2013.

Luyé-Tanet, Laurence, *La méditation, art de vivre au quotidien*, éditions Eyrolles, col. Du côté de ma vie, París, 2010.

Nathan, Tobie y Stengers, Isabelle, *Médecins et sorciers (manifieste pour une psychopathologie scientique – le médecin et le charlatan)*, édictions Les empêcheurs de penser en rond, París, 1995.

Shooke, E. Victoria, *Ho'oponopono Contemporary Uses of a Hawaian Problem-Solving Process*, East West Center Studies, Honolulu, 2003.

Tolle, Eckart, *El poder del ahora: una guía para la iluminación espiritual*, Gaia, 2007.

Vézina, Jean-François, *Las coincidencias necesarias,* Ediciones Obelisco, Barcelona, 2010.

Vitale, Joe y Len, Ihaleaka Hew, *Cero límites,* Ediciones Obelisco, Barcelona, 2011.